목표 달성의 실제적 실행 도구

OKR

목표 달성의 실제적 실행 도구 OKR

초판 1쇄 인쇄 | 2025년 3월 10일
초판 1쇄 발행 | 2025년 3월 17일

지은이 | 임채연 · 신동헌
펴낸이 | 김진성
펴낸곳 | 호이테북스

편　집 | 허민정, 강소라
디자인 | 유혜현
관　리 | 정서윤

출판등록 | 2005년 2월 21일 제2016-000006
주　　소 | 경기도 수원시 장안구 팔달로237번길 37, 303호(영화동)
대표전화 | 02) 323-4421
팩　　스 | 02) 323-7753
전자우편 | kjs9653@hotmail.com

값 17,000원
ISBN 979-11-988677-0-4 (03320)

목표 달성의 실제적 실행 도구

OKR

임채연·신동헌 지음

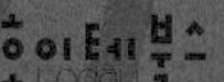

이제까지 목표와 성과라는 이름으로 다그치기만 했던 기업의 현실에 새로운 방향을 제시해주는 책이다. 저자들은 이 책에서 동료들과 좀 더 허심탄회하게 협업을 함으로써 기업문화까지 바꿀 수 있는 토대와 기틀을 제공한다.

엘지팜한농 인사팀장_**배진열**

기술의 급격한 발전으로 우리는 이미 AI 시대로 접어들었다. 우리는 일상 곳곳에 AI가 이미 깊숙이 자리한 현실을 살아가고 있다. 이 책은 그러한 AI를 또 다른 차원으로 접목시켜 기업에 새로운 변화를 가져올 것이다. 그 변화가 사뭇 기대된다.

아주약품 인사실장_**이욱환**

구글, 페이스북, 유튜브 등 최고 기업들의 최강 프레임워크로 각광받으며 OKR은 최근 국내에서도 큰 관심을 불러일으키고 있다. 하지만 정작 관련 담당자들은 그것을 어떻게 실현할지 고민에 빠져 있다. 이 책은 그런 이들에게 실제적이고도 효과적인 해법을 제시한다.

한화에어로스페이스 인사팀장_**배범희**

이제 업무를 수행하는 데 있어 IT와의 협업은 필수적인 요소가 되었다. 목표와 관련된 OKR에 IT와의 협업을 제안한 저자들의 혜안에 큰 박수를 보낸다. 이 책은 경영자들과 관련 임원들에게 수월한 해결책은 물론 궁금증에 대한 답변까지 제공할 것이다.

포스코경영연구원 경영지원담당_**임대빈**

회사를 운영하다 보니 직원들의 목표와 성과를 관리하는 데 고민이 많다. 그 대안으로 OKR을 고민하던 차 이 책을 접하게 된 것은 큰 행운이다. 이 책을 읽고 회사 전반의 운영에 대한 목표와 방향을 잡게 된 것은 큰 기회이다. 좀 더 면밀하게 곁에 두고 읽으며 디테일한 틀을 그려 볼 것이다.

타이거컴퍼니 대표_**김범진**

IT 기업의 HR 담당 임원으로서 조직의 목표 달성과 개인의 성장을 동시에 이루려는 모든 기업과 리더들에게 이 책을 강력히 추천한다. 이 책은 단순히 목표를 설정하고 관리하는 도구인 OKR을 넘어 조직 내 협업과 성장을 촉진하는 실질적인 방법론으로서 활용 가능성까지 심도 있게 다뤘다. 특히 저자는 이 책에서 AI와 결합된 OKR 시스템의 탁월한 업무 지원 가능성에 주목해 실시간 성과 모니터링과 개인화된 피드백 제공으로 직원들이 자율적으로 발전할 수 있는 환경을 시각적으로 제시했다. 이는 급변하는 환경 아래 민첩하고 유연하게 대응하는 데 우리에게 중요한 전략적 도구가 될 수 있다고 생각한다.

또한 대기업과 IT 기업에서 IT/HR 혁신 분야의 전문가로 일했던 저자는 이 책에서 OKR의 본질적 가치에 대한 이해와 함께 그 실행 과정의 현실적 과제까지 면밀히 분석해 해법을 제시했다. 이러한 접근 방식은 매우 탁월하며, 우리에게 목표 달성에 필요한 체계적인 방법론을 제안한다. 조직의 지속적인 성장과 직원들의 잠재력을 극대화하기 위한 실질적인 방법론을 찾고 있는 경영진과 인사 책임자들에게 큰 영감을 줄 것이다.

콤텍시스템 인사실장_**안현일**

최근 대기업의 한 부서에서 분사하면서 평가자와 피평가자의 입장을 동시에 느껴본 적이 있다. 이 책은 내가 그때 겪었던 고충에 새로운 해답을 제시해 주었다. 이 책은 기존의 평가와 대부분의 사람들이 잘못 오해하고 있는 상시 평가 개념을 현업 입장에서 적절하게 설명하고 있다. 회사의 성장을 위해 평가 제도 개선을 고민하는 대표와 좀 더 좋은 평가를 받고 싶은 직원 모두에게 이 책을 추천하고 싶다.

겟스마트 대표_**원승빈**

서문1

새로운 목표 관리 체계인 OKR의 모든 것!

OKR, 새로운 방법이지만 핵심을 제대로 보아야 한다

경영학의 대가 피터 드러커는 목표를 달성하기 위한 방법론으로 MBO(Management by Objectives)를 제시했다. 우리나라에서는 목표 달성에 대한 평가 수단으로 MBO를 채택했다. 평가 방법으로는 GE의 잭 웰치가 상대 평가로 성공 신화를 만들면서 많은 기업들이 같은 방법을 적용했고, 구조적인 부작용을 경험했다.

상대 평가는 기본적으로 비교를 하는 것이다. 비교에 의한 부작용을 해결하기 위해 기업들은 절대 평가나 목표 관리 방법을 변경하는 시도를 많이 하게 되었다. MBO의 지표 관리 도구인 KPI(Key Performance Indicator: 핵심 성과 지표), BSC(Balanced Scorecard: 균형 성과표), CSF(Critical Success Factors: 핵심 성공 요인), KVD(Knowledge Value Dashboard: 지식 가치 대시보드) 등의 폐해를 말하면서 OKR(Objectives and Key Results: 목표와 핵심 결과)로 극복할 수 있다는 접근이었다.

OKR로 하는 비교는 불행의 씨앗이다

행복지수가 가장 높은 나라들이 북유럽에 많다. 핀란드, 노르웨이, 스웨덴, 덴마크 등은 복지제도가 좋고, 수준 높은 교육, 안전, 환경 등 빠질 것이 없는 나라들이다. 우리나라는 그동안 눈에 띄는 경제 성장을 이루며 세계 10대 경제 강국에 이름을 올렸고, 1인당 국민소득 3만 5천 달러를 달성했다. 그러나 한국인들이 느끼는 행복도는 평균 6점 안팎으로 전 세계 약 150개 나라 중 40~60위권에 머물고 있다. 그 50년간의 압축 성장이 빈부 격차와 치열한 경쟁 사회를 초래하여 국민의 행복도를 낮췄다고 보는 의견이 설득력을 얻고 있다.

히말라야산맥에 있는 작은 나라 부탄은 국민총행복(Gross National Happiness)을 정책 지표로 삼을 만큼 가난하지만 행복한 나라로 알려졌다. 그러나 2019년 조사에서는 전 세계 95위로 행복지수가 급락했다. 급격한 도시화로 인터넷과 SNS 등이 발달하면서 부탄 국민이 자국의 빈곤을 알게 되고, 다른 나라와 비교하기 시작하면서 행복지수가 급락한 것이 이유였다. 이처럼 비교의 해로움은 '상대적'이라는 사실에서 온다. 행복은 얼마나 많이 가지고 있는지, 얼마나 많이 누리고 있는지의 문제라기보다는 갖고 있는 것들에 얼마나 만족하느냐의 문제다.

OKR, 비교 도구인가? 목표 달성 도구인가?

대부분의 기업 CEO가 평가를 원한다. 우수 직원을 선별하여 승진도 시키고, 급여 인상의 기준으로 삼기 위함이다. 요즘 MZ세대도 평가를 원한다. 동료 직원보다 더 일하고, 더 많은 가치를 만들어 냈을 때 급여가 똑같다는 것을 참지 못한다. OKR의 본질은 목표를 어느 정도 달성했는지 판단하고, 부족한 부분을 지원하여 목표 달성을 이루도록 하자는 데 있다. 하지만 CEO와 MZ세대의 이해가 OKR을 평가 도구로 만들고 있다. 이렇게 OKR을 비교 도구로 사용하면 불행이 시작될 수밖에 없다.

OKR은 단순히 도전적이고 야심 찬 목표를 설정하는 것 이상의 의미를 지닌다. 이 방법론은 구체적이고 측정 가능한 핵심 과제를 수립함으로써 목표 달성의 실질적인 틀을 제공한다. OKR은 '되면 좋고, 안 되면 그만'이 아니라, 각 연도별로 목표를 어디까지 이루어 낼지 명확히 규정하는 것을 필요로 한다. 그리고 이렇게 도출되는 핵심 결과들이 효과적으로 정렬되어 조직의 목표가 개인의 필요, 팀의 요구, 그리고 조직의 비전을 모두 충족시킬 때 비로소 성공에 한 걸음씩 다다를 수 있다. 여기에 비교가 설 자리는 없다.

OKR은 수시 평가의 도구인가?

최근에 "수시 평가를 할 수 있느냐?"고 묻는 인사 담당 임원이 크게 늘고 있다. 수시 평가를 왜 하려는지 물으면 대체로 목표 관리가 잘 안 되고, 1년에 한 번 하는 평가도 잘 안 되기 때문이라고 답한다. 1년에 한 번 하는 평가도 어려운데, 수시로 평가를 하겠다면 오히려 더 안 되지 않을까?

수시로 평가한다는 것은 수시로 비교하는 것이니 불행을 위한 행동을 수시로 하겠다는 것과 같다. 반면에 수시로 목표 달성을 지원하겠다는 것은 행복을 위한 행동이다. OKR은 이에 대한 방법, 즉 상태의 변화를 피드백하고, 대화하며, 인정해주는 구체적인 방법을 제시한다. 이 책에서 저자들은 OKR이 평가 수단이 아니라 목표 달성을 위한 협업의 과정임을 끊임없이 말하고 강조한다. 이러한 요소들이 목표 달성의 핵심적인 부분으로 작용할 때 조직은 한층 더 성장하고 발전할 수 있다.

성과를 관리하겠다며 평가의 위장 전술로 OKR을 사용하는 것은 해결책이 될 수 없으며, 분노와 좌절을 초래할 뿐이다. 그래서 이 책에서는 OKR이 단순한 평가의 위장 전술로 전락하지 않도록 나를 위한 목표, 너를 위한 목표, 그리고 우리 모두를 위한 목표가 어떻게 조화롭게 구성되어야 하는지를 탐구한다.

이 책은 OKR의 구체적인 실행 방안을 담고 있다

OKR은 어려운 개념이 아니다. 인터넷에서 기사 몇 개만 보아도 알 수 있다. 30분 정도만 유튜브를 시청해도 필요한 사항을 거의 찾을 수 있다. 이론은 쉽지만 실행을 어려워한다. 중소기업일수록 OKR을 수용하기 힘든 이유는 그날그날 살기 위한 업무를 지속하다 보면 OKR이 말하는 진취적이며 과감한 목표 수립이 현실과는 동떨어진 이상으로 느껴지기 때문이다. 특히 난이도가 높은 요소로는 OKR을 도입한 후 사람을 변화시키는 것이다.

이 책을 읽고 모쪼록 OKR에 대한 오해를 풀고, 피터 드러커가 말한 MBO의 근본으로 돌아가 조직의 목표를 달성하기 위한 나와 너와 우리의 목표를 수립하는 구체적인 실행 방법이 떠오르기를 바란다. 이어서 목표를 정렬하고 대화, 피드백, 인정의 본질을 이해하길 기대한다. 또한 이 책에 소개한 인사 현장에서 사라지지 않을 평가 이슈에 대한 조언도 꽤 쓸모가 있을 것이다. 아울러 부록에 붙인 OKR, KPI, MBO 설정을 도와주는 업무 기능별 사전만 보아도 이 책은 나름 의미가 있을 것이다.

저자 임채연

서문2

OKR을 실행하려면 협업 시스템이 필요하다

이론과 실행은 다르다. 실행도 주먹구구로 하는 것과 체계적으로 하는 것이 다르다. 많은 기업들이 OKR 이론에 공감한 후, 실행 단계에서 실망하거나 힘들어하며 폐기하는 것을 보았다. 목표를 잘 세우는 것과 이에 대한 정기적인 검토 및 피드백, 서로를 지원하는 문화와 리더의 지원이 꾸준히 이행되는 것은 전혀 다른 문제다. 의지가 있어도 이를 실행하기 위해 따로 시간을 내서 별도로 검토하고, 제각각 행동하는 것에는 한계가 있기 때문이다.

OKR을 성공적으로 실행하기 위해서는 일상 업무 중 나도 모르게 OKR을 하도록 해야 한다고 필자들은 생각한다. 그것을 우리는 협업에서 찾고 있다. 업무 수행 결과를 등록하고, 이에 대한 피드백과 인정을 받는 과정에서 동료 간에 서로 도와 자신 없는 업무를 진행하게끔 지원해주어야 OKR의 목표와 핵심 결과가 이뤄진다고 믿는다.

그런 의미에서 이 책은 시스템을 통해 OKR을 실질적으로 실행하는 모습을 보여줄 것이며, 목표 달성을 위한 노력에 따라 평가가 자연스럽게 진행되는 방안을 제시할 것이다. 한편 우리가 기대하는 것은 AI를 활용하여 중소기업을 실체적으로 지원하는 것인데, AI와 OKR 시스템이 결합했을 때 어떤 효과가 있을지 좀더 자세히 살펴볼 것이다.

AI와 OKR 시스템의 결합으로 혁신을 제공한다

오늘날 기업 경영에서 명확하고 달성 가능한 목표 설정은 조직의 성공을 좌우하는 중요한 요소이다. 목표와 성과 관리에 체계적으로 접근하는 OKR은 이러한 목표 설정 방법론 중 하나로, 구글과 링크드인 등 세계적인 기업들이 활용하여 그 효과를 입증했다. 그러나 OKR을 시스템으로 구현하여 사용하는 것은 또 다른 한계가 존재하는데, 조직의 규모가 확장됨에 따라 이는 더욱 분명해진다. 그렇다 보니 기존의 시스템은 실시간 데이터 분석이 어렵고, 개별 직원의 성과와 발전을 지원하는 실효성 있는 도구도 제공하지 못하고 있다.

AI 기술은 이러한 한계를 극복할 수 있는 열쇠를 제공한다. AI는 대규모 데이터를 신속하고 정확하게 처리할 뿐만 아니라, 분석 능력을 갖추고 있으며, 이를 통해 개별 직원의 성과를 실시간으로 평가하고 개인화된 피드백 제공이 가능하다. 그 결과, AI 기술의 도입으로 OKR 시스템은 단순한 목표 설정 도구를 넘어 직원 각자의 잠재력을 최대한 발휘하도록 성장 촉진 도구로 변모하게 되었다. 앞으로 AI가 통합된 OKR 시스템은 기업의 성과를 극대화하고, 모든 구성원이 자신의 역할에 최적화된 지원을 받으며, 전략적 목표 달성을 보다 효과적으로 이룰 수 있는 길을 열어줄 것이다.

AI를 조직의 목표 관리에 적용한다면

AI는 다양한 분야에서 혁신적인 변화를 주도하고 있는데, 조직의 목표 관리 방식에도 영향을 미치고 있다. AI는 크게 머신러닝과 자연어 처리(NLP), 예측 분석 등의 기술로 구분할 수 있다. 이 기술들은 각각 특정 데이터를 학습하여 패턴을 인식하고, 인간의 언어를 이해하며, 미래의 행동이나 사건을 예측하는 데 효과적이다.

머신러닝은 데이터에서 복잡한 패턴과 통계적 관계를 자동으로 학습하고 예측하는 AI의 한 분야이다. 머신러닝이 적용된 OKR은 과거 데이터와 현재 성과를 기반으로 개인의 목표 달성 가능성을 평가하고, 필요한 조치를 제안할 수 있다. 예를 들어, 직원 A가 특정 목표를 달성하는 데 어려움을 겪고 있다면, 시스템은 이를 식별하고 개선을 위한 구체적인 조언이나 교육 자료를 추천할 수 있다.

자연어 처리는 컴퓨터가 인간의 언어를 이해하고 처리하는 능력을 말한다. OKR 시스템에 자연어 처리를 도입하면, 직원들이 자신의 목표와 성과를 자연스럽게 기술할 수 있으며, 시스템은 이러한 설명을 분석하여 개선점을 도출하고 피드백을 제공할 수 있다. 또한 이를 통해 조직 내 커뮤니케이션의 질을 향상시키고, 모든 구성원이 명확한 이해와 동기 부여를 받도록 도와줄 수 있다.

예측 분석은 미래에 일어날 사건이나 결과를 예측하기 위해 과거의 데이터를 분석하는 기술을 말한다. AI 기반의 OKR 시스템에서 예측 분석을 활용하면, 조직의 목표 달성률을 개선하는 데 큰 도움이 된다. 시스템은 다양한 변수와 상황을 고려하여 각 팀이나 직원의 목표 달성에 필요한 리소스를 예측하고, 조직 전체의 목표와 조화를 이루도록 도와준다.

이러한 AI 기술의 통합은 조직의 목표 관리를 더욱 효과적이고 효율적으로 만들며, 개별 직원의 성과와 성장을 지원하는 데 중요한 역할을 한다. AI가 제공하는 심층적인 분석과 통찰은 전통적인 방법으로는 도달하기 어려운 성과 개선과 목표 달성률의 향상을 가능하게 한다. 이처럼 AI에 기반한 OKR 시스템은 앞으로 기업들에게 큰 변화를 가져올 것이다.

예를 들어 한 중소기업이 매출 증대와 고객 만족도 향상을 목표로 설정했다고 가정해 보자. 이런 경우, AI를 통해 고객의 행동 패턴을 분석하고, 이에 기반한 맞춤형 마케팅 전략을 수립할 수 있을 것이다. 또한 AI의 예측 분석 기능은 고객의 요구 사항을 더욱 정확히 예측하도록 해줄 뿐만 아니라 이에 따른 전략 조정도 가능하게 해줄 것이다. 그리고 이러한 접근 방식은 기업으로 하여금 고객 만족도를 높여 매출 증대를 가져올 것이다.

이와 같은 사례는 AI 기반 OKR 시스템의 가능성을 명확히 보여준다. 기술의 도입은 단순한 성과 향상을 넘어, 조직의 전체적인 운영 방식과 문화를 혁신할 수 있는 잠재력을 지니고 있다. 이러한 기술 통합은 특히 변화에 민감하고 빠르게 적응해야 하는 오늘날의 비즈니스 환경에서 매우 중요하다.

AI에 기반한 OKR 시스템의 도전과 과제는?

급변하는 AI를 OKR 시스템에 통합하는 과정은 우리에게 많은 도전 과제를 제기했다. 우리는 빠르게 발전하는 신기술들을 전통적인 기업 업무 솔루션에 적용하기 위해 3가지 접근 방법에 집중하여 해결 방안을 찾았다.

먼저 모듈식 설계는 OKR 시스템 개발에 혁신적인 접근 방식을 제공했다. 이는 소프트웨어의 각 기능을 독립된 모듈로 개발함으로써 다양한 AI 기능을 점진적으로 통합할 수 있게 해준다. 또한 모듈화는 개발 과정에서 발생할 수 있는 문제들을 쉽게 식별하고 수정할 수 있도록 유연성을 제공하여 각 모듈을 독립적으로 업데이트하거나 개선할 수 있어 전체 시스템의 안정성과 확장성을 높여준다. 모듈식 설계로 개발사는 더 빠르고 효과적인 솔루션 개발이 가능한데, 이는 고객의 다양한 요구에 대한 맞춤형 기능 제공으로 이어질 것이다.

사용자 경험(UX) 최적화는 제품의 성공을 좌우하는 핵심 요소이다. 우리는 사용자 인터페이스를 단순하고 직관적으로 설계하여 모든 사용자가 손쉽게 AI 기능을 이해하고 활용할 수 있도록 노력했다. 특히 OKR 시스템의 복잡한 데이터와 기능을 사용자가 쉽게 접근하고 이해할 수 있도록 하는 것은 사용자의 만족도와 제품의 사용 빈도를 높이는 데 결정적인 역할을 한다. 사용자 경험을 최적화함으로써 우리는 모든 사용자가 동등하게 성과를 관리하고 향상시킬 수 있도록 환경을 조성하고자 한다.

지속적인 혁신은 기술이 급변하는 현대 시장에서 경쟁력을 유지하기 위한 필수 전략이다. 우리는 최신 AI 기술과 시장 동향을 지속적으로 연구하고, 이를 우리의 OKR 시스템에 신속하게 통합함으로써 경쟁력을 유지하고자 노력하고 있다. 이러한 혁신적 접근은 급속한 환경 변화 속에서 고객이 직면하는 도전을 해결할 수 있는 기능을 제공하며, 이는 우리 솔루션의 가치를 더욱 높여줄 것이다. 이처럼 혁신을 지속함으로써 우리는 기술 발전에 발맞춰 나가고, 고객과 시장의 요구에 유연하게 대응하고 있다.

AI를 OKR 시스템에 통합하면서 우리는 기술 발전이 조직의 목표 관리 방식에 미치는 장기적 영향을 목격하고 있다. 이러한 발전은 조직과 개인 모두에게 긍정적인 변화를 미칠 것이다. 장기적으로 볼 때, AI 기반 OKR 시스템은 조직의 목표 설정, 추적 및 평가 과정을 근본적으로 변화시킬 것이다. AI의 데이터 분석 및 처리 능력은 조직이 실시간으로 보다 정확하게 성과를 모니터링 할 수 있게 도와준다. 이는 목표 달성에 필요한 조정을 더욱 신속하게 진행할 수 있도록 해줄 뿐만 아니라, 결정 과정의 투명성과 정확성을 크게 향상시킬 것이다. 또한 AI는 목표 설정을 개인의 성능과 성장 가능성에 맞춰 개인화할 수 있는 기능을 제공함으로써 각 직원의 잠재력을 최대한 활용할 수 있게 해줄 것이다.

AI 기반 OKR 시스템은 조직문화에도 긍정적인 변화를 가져온다. 목표 관리가 더욱 데이터에 기반을 두게 되면 객관적이고 공정한 평가가 가능해지고, 이는 직원들의 동기 부여와 만족도를 증가시킬 것이며, 개인의 성과가 정확히 평가되고 인정받는다는 점에서 직원들은 더 큰 직업적 만족을 경험하게 될 것이다. 또한 AI가 제공하는 개인화된 피드백과 성장 지원은 개인의 능력 개발을 촉진하여 전체 조직의 생산성과 혁신성을 높이는 결과로 이어질 것이다.

결론적으로, AI 기반의 OKR 시스템은 단순히 성과 관리의 도구가 아니라, 조직과 개인이 함께 성장하고 발전할 수 있는 플랫폼으로 자리 잡을 것이다. 이러한 기술의 통합은 조직의 전략적 목표 달성을 보다 빠르고 효율적으로 이루는 데 기여할 뿐만 아니라, 조직 내부의 문화와 구조를 혁신적으로 변화시킬 잠재력을 지니고 있다. 이에 우리는 기술이 인간의 역량을 보완하고, 확장하는 방식을 재정립하여 미래의 조직 운영이 어떻게 변화될지 이해를 모색하는 데 매진코자 한다.

협업과 AI를 적용하여 기업의 성공을 지원하는 OKR시스템을 만들면서

OKR.best CTO 신동헌

차례

5장. 평가의 늪에서 빠져나온다

6장. H팀장님께 드리는 조언

7장. V사에 인사 평가 시스템은 필요한가?

1장

OKR에 대한 오해를 푼다

OKR을 도입하면 목표를 달성하고,
임직원을 평가하여 성과급과 임금 인상
그리고 승진자를 판별할 수 있다고 생각하면 오해다.

1 OKR은 무엇인가?

OKR(목표와 핵심 결과 지표)은 인텔에서 시작해 구글을 거쳐 현재 많은 기업으로 확대된 성과 관리 기법으로 조직적 차원에서 목표(objective)를 설정하고, 핵심 결과(Key Result)를 추적하도록 만든 프레임워크다. 이것은 목표 설정과 관리를 위해 전 인텔 회장 겸 CEO였던 앤디 그로브가 처음 고안하였다.

인텔은 종전까지는 성과 관리를 1년 주기로 해왔는데, OKR 고안 후 3개월마다 성과를 평가하는 시스템을 도입했고, 이는 곧 성과 개선으로 이어졌다. 이후 벤처 투자자인 존 도어가 인텔에서 일한 경험을 바탕으로 구글에 이 시스템을 적용하였고, 구글은 이를 발전시켜 3-3-3 원칙을 개발했다. 3-3-3 원칙이란 3개월마다 팀과 개인 단위로 목표 3개와 핵심 결과 3개를 정하고, 성과를 평가하는 방식을 말한다. 구글은 이를 도입함으로써 성과 관리 기간과 목표 수가 줄어들면서 성과가 향상되었다고 알려졌다.

OKR, 유행인가? 트렌드인가?

미국 실리콘밸리에서는 링크드인, 트위터, 드롭박스, 스포티파이, 에어비앤비, 우버 등이 OKR을 적용하고 있다. 최근에는 국내에서도 OKR에 대한 관심이 증가하면서 삼성전자, 삼성전기, 엘지 유플러스, 한화 등 대기업은 물론 신한금융그룹, 한화금융그룹, NH농협, 국민은행 등 금융권과 한국수자원공사, GH공사 등 공기업 및 공공기관도 도입했거나 도입을 검토 중이다. 그 뒤를 이어 뱅크샐러드, 토스 등 성공한 신생 기업들이 OKR에 관심을 보이며 여러 업종의 스타트업에서도 도입이 늘고 있다. 이처럼 이제 OKR은 잠깐의 유행이 아니라 점차 트렌드화하는 상황이다.

그렇다면 OKR이란 도대체 무엇을 말하는 것일까? 다음과 같이 요약할 수 있다.

- OKR은 목표(objective)와 핵심 결과(Key Result)로 구성되며, 목표와 핵심 결과는 정렬되어야 한다.
- 목표 달성 과정에 대화(Conversation), 피드백(Feedback), 인정(Recognition)이 있어야 한다.

OKR에서는 목표에 관해 달성하는 데 애를 먹을 정도로 매우 야심만만하고 높게 수립하라고 가이드한다. 핵심 과제는 구체적이고 측정 가능해야 하며, 목표를 달성하는 과정에 활용할 방법론으로 CFR(대화-피드백-인식)을 제시하고 있다.

2 과연 도전적인 목표인가?

OKR을 설명할 때 가장 강조하는 점은 도전적인 목표 수립이다. 많은 컨설턴트가 OKR의 목표는 무언가 특별하다고 강조한다. MBO(목표에 의한 경영)에서는 100% 달성을 기본 전제로 하고, 초과 달성 시 추가 보상을 받는다. 반면에 OKR은 50~70% 달성률을 적정 수준으로 보며, 100% 달성은 쉬운 목표 설정이 원인이라고 말한다. MBO에서는 목표 달성을 매우 중요시하기 때문에 애초에 달성하기 쉬운 목표를 설정한다는 것이다. 그러나 OKR은 도전적인 자세로 원대한 목표를 중요하게 생각하면서 어느 정도의 실패도 원칙에서 벗어나지 않으면 용인해주고, 과정에서 얻은 성장을 중요하게 본다고 설명한다. 심지어 MBO는 양적 목표만 강조하는 반면, OKR은 질적 목표와 양적 목표를 모두 포함하는 통합적 목표의 성격이 있다고 말한다.

OKR의 도전적인 목표는 달성 못해도 된다?

OKR은 회사가 먼저 목표를 정하면 부서와 직원들이 자발적으로 자신의 목표를 설정하는 쌍방향 운영 방식을 원칙으로 한다. 이에 따라 회

누구를 위한 도전적인 목표이고, 누구의 야심인가?

사와 팀, 그리고 각 구성원이 제대로 된 목표 달성을 위해 서로 돕는 시스템이기 때문에 직원 참여도를 높인다고 컨설턴트들은 말한다.

또한 그들은 '도전적 목표'나 '야심 찬 목표'로 불리는 OKR도 핵심 과제(Key Result)는 구체적이고 측정 가능해야 한다고 정의한다. '큰 꿈을 가져라'라며 도전적인 목표는 현실적이지 않아도 된다고 말한다. 목표 달성보다 개인과 팀의 한계를 뛰어넘는 것에 의의를 둔다는 뜻이다. 그러면서 핵심 과제는 구체적이고 측정 가능해야 한다니 모순이 아닐 수 없다. 이에 대해 그들은 필수적인 OKR과 도전적인 OKR로 구분해 동시에 추진할 수 있다고 항변한다. 즉, 필수적인 작업은 실행하지만,

OKR은 항상 더 큰 목표를 추구한다고 말한다.

여기서 다시 존 도어가 설명한 OKR 공식으로 돌아가 보자. 첫째, 목표를 세울 것. 둘째, 주요 결과를 생각할 것. 여기서 목표란 '내가 성취를 바라는 것'이며, 주요 결과란 '그 목표를 어떻게 달성할 것인지'를 말한다. 즉, OKR 프레임워크에서 '목표'는 단순히 내가 달성코자 하는 무언가가 아니며, 성과를 측정할 가능한 방법이 있어야 한다는 것이다.

OKR에서 목표와 핵심 과제는 정렬되어야 한다

OKR에서 강조하는 점은 정렬(Alignment)이다. 목표와 핵심 과제를 가지런히 구성해야 한다. 핵심 과제는 측정 가능하므로 달성 여부와 정도를 알 수 있다. 즉, 완료(Completed), 승인(Approved), 달성(Achieved)으로 표현할 수 있고, 100% 초과, 100%, 90%, 80%, 70%와 같이 계산할 수도 있다. 목표를 이루기 위한 몇 개의 핵심 과제를 완료하고, 100% 달성했는데, 당초 도전적이었던 목표가 70% 달성이라면 이상하다. 목표의 달성 정도가 70%라면 핵심 과제 달성의 총합 역시 70%여야 한다. 물론 담대한 목표이기에 첫해에는 70%를 달성하고, 이듬해에는 100%를 달성하겠다고 말할 수도 있다. 그렇다면 첫해 핵심 과제의 달성점은 70%가 되고, 이는 핵심 과제 달성점 70%가 곧 100점이라는 뜻이다.

OKR이 성공하려면 목표와 핵심 과제를 잘 정렬해야 한다. 이는 곧 논리적으로 정리하고 수학적으로 체계화해야 한다는 뜻이다. 도전적이고 진취적인 목표는 얼마든지 세울 수 있다. 그러나 목표는 측정 기간

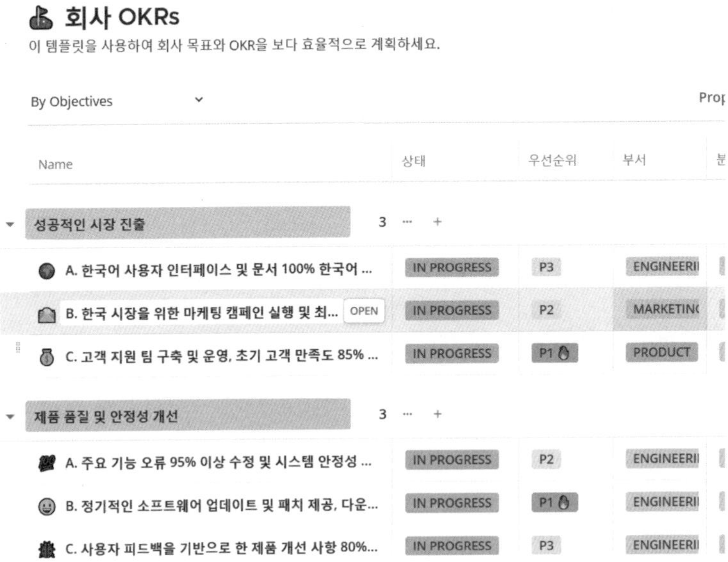

회사 OKRs

이 템플릿을 사용하여 회사 목표와 OKR을 보다 효율적으로 계획하세요.

By Objectives ⌄ Prop

Name	상태	우선순위	부서	분
▾ 성공적인 시장 진출 3 ··· +				
A. 한국어 사용자 인터페이스 및 문서 100% 한국어 ...	IN PROGRESS	P3	ENGINEERI	
B. 한국 시장을 위한 마케팅 캠페인 실행 및 최... OPEN	IN PROGRESS	P2	MARKETIN	
C. 고객 지원 팀 구축 및 운영, 초기 고객 만족도 85% ...	IN PROGRESS	P1	PRODUCT	
▾ 제품 품질 및 안정성 개선 3 ··· +				
A. 주요 기능 오류 95% 이상 수정 및 시스템 안정성 ...	IN PROGRESS	P2	ENGINEERI	
B. 정기적인 소프트웨어 업데이트 및 패치 제공, 다운...	IN PROGRESS	P1	ENGINEERI	
C. 사용자 피드백을 기반으로 한 제품 개선 사항 80%...	IN PROGRESS	P3	ENGINEERI	

okr.best는 핵심 과제가 여러 관점으로 정렬되어 목표 달성률을 보여준다.

내에 100%가 되어야 달성이다. 그렇지 않으면 OKR의 대시보드에 달성 여부나 달성률을 표시할 수 없다. 70%면 충분하다는 목표일 때, 산수는 70점이 되면 달성이고, 달성률은 100점으로 표시할 것이니, 70점이라는 목표는 존재하지 않는다. 다음 예를 보자.

목표: 업계에서 탄소 발자국을 가장 적게 배출하기(출처: https://asana.com/)

- 핵심 결과: 공급망과 배송 인프라에서 폐기물을 완전히 제로로 줄이기
- 핵심 결과: 계산한 일산화탄소 배출량에 탄소상쇄기금 100% 지불하기

• 핵심 결과: 소재의 25%를 비료로 사용하기

위는 업계에서 탄소발자국을 가장 적게 배출한다는 도전적인 목표를 수립하고, 3개의 핵심 결과로 정렬한 예다. 폐기물 100% 제로로 줄이기, 탄소 상쇄 기금 100% 지불하기, 소재의 25%를 비료로 사용하기 같이 3가지 핵심 결과를 얻으면 목표 달성이다. 목표의 70% 정도를 달성이라고 하지 않는다.

3 평가의 위장 전술인가?

사라 화이트는 CIO코리아와의 인터뷰에서 이렇게 말했다.

"OKR은 목표와 비전 달성을 위한 도구이다. 여기서 '목표'와 '결과'는 측정 가능해야 하고, 유연해야 하며, 투명하면서도 큰 야망을 품은 것이어야 한다. 주로 기업의 리더들이 설정한 목표가 많다. 성과금이나 인사고과에 얽매여서는 안 된다."

이처럼 OKR은 인사 평가의 수단이 되어서는 안 된다고 알려져 있다. 따라서 기업은 궁극적으로 야심 찬 목표를 설정하도록 도와주고, 분기별로 원하는 결과를 달성하도록 이끌어 주는 데 OKR을 활용해야 한다.

목표는 평가를 위한 것인가? 달성을 위한 것인가?

대부분의 컨설턴트는 제대로만 시행하면 OKR은 대단히 효율적이고, 조직의 목표를 명쾌하고 단계적이며 가시적으로 정리해 준다고 설명한다. 반면에 제대로 시행하지 못하면 대단히 모호하고, 주관적이며, 그다지 유용하지 않다고 말한다.

OKR은 주로 3~5가지의 핵심 목표와 그 아래에 각각 3~5가지의 주

OKR 역시 평가가 없을 수 없다.

요 측정 가능한 핵심 결과로 구성된다. 아무리 규모가 큰 기업이라 해도 OKR을 한 번에 5개 이상 설정하기는 쉽지 않다. 또한 소규모 팀이나 조직은 3개 정도까지만 설정하는 것이 좋다. 목표를 설정하고 나면, 각 주요 결과의 진척 사항을 하나하나 추적해 나가게 된다. 특히 분기의 OKR 달성과 관계 없는 프로젝트가 생기면 기존에 진행하던 것을 밀어내고 새 프로젝트를 우선순위로 올릴 것인지, 아니면 새 프로젝트는 진행하지 않을지 결정하도록 가이드한다. 이렇게 해서 각종 프로젝트의 우선순위를 결정하고 일이 산더미처럼 불어나지 않게 한다.

협업 툴인 아틀라시안(Atlassian)은 OKR을 설정하고 나면, 각 목표와 하위 결과의 진척 상황을 추적하여 평가하도록 권유한다. 목표는 일반적으로 0~1이나 0%~100%를 사용하여 평가하는데, 0~0.3이나 0~30%

는 목표를 거의 달성하지 못했다는 의미다. 0.7이나 70%는 어느 정도 진척이 있었으나 결정적으로 원하던 바를 달성하지 못한 것이다. 1.0이나 100%는 목표를 완벽하게 달성했음을 뜻한다. 하지만 아틀라시안은 0.7이나 70% 정도도 성공으로 간주해야 한다고 제안한다. OKR의 목표가 대개 대단히 야심 차고, 장기적으로 내다봐야 하기에 이를 한 분기 내에 완벽하게 끝낸다는 것은 지나친 욕심이라고 여기기 때문이다.

OKR은 도전적인 목표를 달성하기 위해 시작하며, 구체적이고 측정 가능한 핵심 과제로 정렬해야 한다. OKR의 목적은 목표를 달성하기 위함이지 평가를 하기 위함이 아니다. 많은 컨설턴트가 OKR을 평가와 직접적으로 연계하지 않도록 가이드한다. 그럼에도 불구하고 실무에 들어가면 평가 없이 OKR을 진행할 수 없는 것이 현실이고 딜레마다. 필자들은 OKR의 실행상 문제를 풀어가고자 이 책을 쓰기 시작했다.

1장 정리

OKR은 도전적이고 야심 찬 목표를 수립하여 조금 덜 달성하더라도 만족하는 방법론이 아니다. OKR은 목표를 달성하기 위한 핵심 과제를 구체적이고 측정 가능하게 수립할 때 의미가 있다. 도전적이고 야심 찬 목표로서, '되면 좋고 안 되면 그만인 목표'가 아니라, 올해는 어디까지, 내년에는 어디까지 달성할 것인지 정의해야 한다.

OKR은 목표를 달성하기 위해 사용하는 방법론이지 임직원이 잘했고 못했는지를 평가하는 도구가 아니다. 그럼에도 불구하고 누가 어떤 일을 어떻게 했는지는 파악할 수가 있다. 조직 또는 개인까지 OKR의 상위 목표와 하위 핵심 과제를 정렬하면 알 수 있기 때문이다.

많은 기업에서 OKR을 평가 도구로 사용하고 싶어 한다. OKR은 목표를 달성하기 위해서 사용할 때는 성공할 수 있지만, 평가 도구로 사용하면 실패할 확률이 높다.

OKR은 목표를 달성하는 방법에 집중한다. 목표 달성에 누가 기여했는지는 부수적으로 알 수 있다. 이 책에서 그 해결책을 제시할 것이다.

2장

다시 피터 드러커로 돌아가자

목표와 핵심 결과로 구성한 OKR은 목표에 의한 관리다.
경영 원리와 행동 지침은 피터 드러커에게서 찾아야 한다.

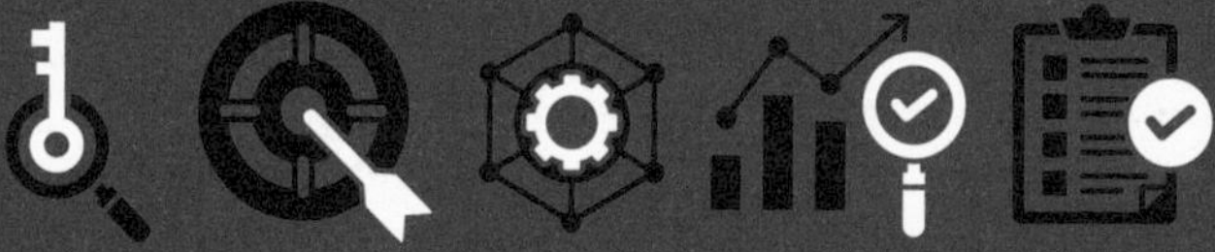

1 MBO, 목표에 의한 관리

MBO는 1954년에 피터 드러커가 《경영의 실제(The practice of management)》에서 제안한 경영 기법이다. MBO는 목표와 관리(또는 경영, 여기서는 'management'를 '관리'로 해석한다.)로 구성된다. 그러므로 목표와 관리를 보는 관점이 명확해야 MBO를 제대로 실행할 수 있다.

피터 드러커가 말하는 목표에 의한 관리의 근본 원리를 따라야 OKR도 성공할 수 있다.

목표는 경영의 출발점이자 결과물이다. 기업이라는 조직은 회사-본부-팀-개인과 같이 상하위 관계에서 목표를 설정하고, 목표를 달성하기 위해 노력한다. 목표는 구성원의 노력을 집중하도록 만드는 대상이다. 목표는 노력을 이끌어 내는 동기이며, 조직과 개인의 존재 이유를 만들어 준다.

그렇다면 MBO의 시작인 목표는 어떻게 수립해야 할까? 《모멘텀 메이커스》를 쓴 문정엽 작가는 다음 3가지로 목표를 정의했다.

- **야망으로써 목표:** 과감한 목표를 설정하고, 사람들이 더욱 열정적으로 일하도록 만든다.
- **정책으로써 목표**: 목표 설정과 관리를 통해 운영한다는 정의만 있다.
- **구호로써 목표:** 매출액 100억 원과 같이 구호만 있다.

큰 야망으로 만든 목표는 대체로 미달한다. 많은 기업들이 매년 목표 미달을 경험하면서 목표는 목표일 뿐이라고 생각한다. 목표를 미달했으니 성과급도 없고, 격려와 칭찬보다는 질책만 남는다. 야망이 크다면 큰 만큼 사람들의 노력을 한 방향으로 집중하도록 만들어야 하는데, 그러기 위해서는 경영자와 임직원이 공동으로 달성할 가치가 있어야 한다. 따라서 목표에 대한 야망이 클수록 경영자 단독으로 정해서는 안 되며, 조직 구성원 간에 충분히 협의한 후 정해야 한다. 조직의 목표를 구성원이 이해하여 받아들이고, 리더가 책임을 부여함으로써 구성원 각자가 공헌하도록 행동을 이끌어내야 한다.

하지만 많은 기업들이 정책으로써 목표 관리만 있을 뿐 일상 업무와는 괴리된 채 운영을 하고 있다. 어떻게 목표를 관리할 것인지 원칙과 지침이 없다면 목표는 조직의 현실과 동떨어질 수밖에 없다. 더욱 큰 문제는 관리를 단지 평가로 생각한다는 점이다. 관리는 목표를 달성하도록 지원하고, 코칭하며, 가이드하는 것에 방점이 있다. 그런데 많은 경우 '잘했다', '못했다'라는 판정을 관리라고 착각하고 있다.

구호와 슬로건, 과연 목표인가?

많은 기업들이 매년 위기를 선포하며 몰아붙이기식으로 구성원들에게 과다한 목표를 부여한다. 달성하기 어려운 구호를 새긴 플래카드가 사무실에서 나부끼는 모습도 흔히 볼 수 있다. 하지만 목표는 상하위 조직 및 동료들과 상호 연관되어 정렬될 때 달성 동기가 생긴다. 목표 설정 시 구성원들의 공감대도 없이 기계적으로 회사, 사업부, 팀, 개인에게 목표를 부여하면서 목표 관리를 한다고 생각하는 기업도 적지 않다.

목표 관리는 경영자의 야망도 아니고, 현실과 괴리된 정책도 아니며, 강요하는 수치도 아니다. 피터 드러커가 말하는 목표 관리는 '합의된 목표를 달성하는 자율적인 자기 통제'에 기반한다. 진정한 목표는 통제가 필요 없다. 기업 구성원들은 자신의 의지에 따라 성과를 창출하고, 조직은 구성원들의 성과 창출에 필요한 지원을 아끼지 않는다. 피터 드러커는 '명령과 통제에 의한 관리'를 '자율과 분권에 의한 관리'로 대체하는 경영 원칙을 구체적으로 실행하는 방법으로 MBO를 제시했다. 목표와 핵심 결과로 구성된 OKR 역시 피터 드러커의 가르침 안에 있어야 하는 이유이다.

2 드러커는 평가를 말하지 않았다

피터 드러커가 MBO를 구상하고 제안한 목적은 목표를 달성하자는 뜻이지 평가 방법론으로 제시한 것이 아니다. 그런데 이상하게도 MBO를 말하면 우리는 평가를 떠올린다. MBO는 다양한 사람과 부문으로 이루어진 조직이 어떻게 하면 조직 전체의 목적을 달성하기 위해 협력할지, 명령과 통제가 아니라 자율성을 바탕으로 경영을 어떻게 실현할 수 있을지를 묻는 진지한 고민이다.

하지만 목표 관리를 제대로 실행하는 것은 말처럼 쉽지 않다. MBO가 지향하는 협력과 자율성은 쉽게 구현되지 않기 때문이다. 구성원의 올바른 이해, 올바른 목표 설정과 점검, 조직 상황에 따른 적절한 관리 방법이 있어야 MBO를 올바르게 실행할 수 있다.

측정 가능한 그것은 평가의 도구인가?

"측정할 수 없는 것은 증명할 수 없는 것이다"라는 말은 평가하라는 것과 다른 말이다. 목표는 최고경영자부터 현장의 감독자, 사무 책임자에 이르기까지 명확히 서술해야 한다. 이어서 각각의 경영자가 담당하고 있는 단위 부서에서 산출할 성과도 정의해야 한다. 최종적으로는 각각의 경영자와 그 휘하 부서에서 다른 부서들이 목표를 달성하는 데 협조해야 할 공헌들도 포함해야 한다.

여기서 목표를 정의하는 성과에 대해 드러커는 "측정 가능해야 관리할 수 있다(What gets measured gets managed)"라는 명언을 남겼다. 여기서 성과는 측정 가능해야 한다는 말이 평가(Evaluation)를 해야 한다는 오해를 낳은 이유가 되었다. 드러커는 이 말을 하면서 쉽게 측정할 수 있는 것만 관리할까 봐 걱정했다. 자신의 말을 근거 삼아 측정할 수 없다는 이유로 정말 중요한 목표를 쉽게 제외할까 봐 우려한 것이다. 이를 방지하기 위해 마련한 것이 바로 'SMART'다.

SMART란 무엇을 말하는가?

1. Specific: 목표는 구체적이어야 한다

목표를 설정하기 위해서는 먼저 정확히 무엇을 달성하려 하는지를 알아야 한다. 결과가 애매모호하거나, 가볍고 일상적인 업무를 목표로 삼아서는 안 된다. 애매모호한 목표를 세운다면 궁극적으로 목표를 달성하기 어렵다. 구체적인 목표가 없는 사람은 자신이 어떤 일을 해야 할지, 또 어떻게 해야 할지 모른다. 그러기에 기대하는 목표 달성의 결과가 구체적이고 명확해야 한다.

2. Measurable: 목표는 측정 가능해야 한다

목표 달성 정도를 정량적이나 정성적으로 측정할 수 있어야 한다. 즉, 목표 달성 정도를 최대한 객관적으로 이해하고 판단할 수 있도록 표현해야 한다. 만일 정성적 지표를 선택했다면, 평가자와 피평가자가 측정 기준을 충분히 이해하고 합의할 수 있어야 한다.

3. Achievable(Action-oriented): 목표는 실천적이어야 한다

목표를 설정할 때는 활동을 나타내는 명사나 동사를 사용해야 한다. 예를 들어 증가, 감소, 완성, 설계 같은 단어를 사용하는 것이다. 이러한 단어를 사용하면 목표 달성을 위한 방안을 구체적으로 설정할 수 있고, 달성 여부를 측정하기도 쉽다. 프로젝트 관리에서 SMART를 정리한 조지 도란(Georage T. Doran)은 A를 'Assignable'로 정의하며 목표 완수를 위한 책임자 지정을 강조했다. 목표를 달성하기 위한 최소한의 기본 지침은 업무의 책임을 분명히 하는 것에서 비롯된다는 것이다. 필자도 목표 달성에 필요한 자원을 배정하는 기준으로서 업무 수행 능력은 물론 책임성이 있어야 한다고 생각한다.

4. Realistic: 목표는 현실적이어야 한다

해당 상황에서 가능한 일인지 측정해야 한다. 설정한 목표가 가능한 것처럼 생각해야 구성원의 성취 동기를 유발할 수 있다. 목표는 자신의 현재 수준보다 높고 도전적으로 설정하되, 자신의 노력으로 달성 가능한 수준이어야 한다. 비현실적으로 높게 설정하거나 통제가 불가능한 외부 요인에 의해 목표 달성도가 좌우되면 동기 부여가 되지 않는다.

5. Timely: 목표는 기한을 정해야 한다

언제까지 목표를 달성할 것인지 구체적인 기한을 정해야 한다. 그 기한이 1년 이상인 경우에는 해당 성과 기간 동안 달성할 중간 목표를 세우고, 그 중간 목표가 시간 설정의 기준이 되어야 한다.

SMART에서 가장 중요한 핵심은 목표를 향해 나아가는 과정에서 '방향키'를 점검하는 데 있다. 목표를 이루기 위해 열심히 일하지만, 성과가 빨리 나오지 않아 좌절하거나 잘못된 방향으로 일한다는 사실을 깨닫고 당황하는 경우가 많다. SMART는 지금 잘하고 있는지, 잘못된 방향으로 일하고 있는지 점검할 수 있는 유용한 방법론일 뿐 평가를 위한 것이 아니다. OKR 역시 목표 달성을 위한 방법론이지 평가를 위한 도구가 아니다. 평가를 위해 OKR 도입을 검토하면 실패로 가는 이유가 바로 여기에 있다.

3 드러커를 오해하게 만드는 용어들

피터 드러커의 MBO는 목표를 잘 수립하는 것이 출발점이다. 그 다음이 관리다. 관리는 목표를 달성하기 위한 소통과 지원을 의미한다. 어떻게 보면 목표가 본질이고, 관리는 보조적일 수 있다. 특히 자기 통제에 의한 관리를 하라고 했으니 평가가 핵심이 아닌 것은 분명하다. 그럼에도 불구하고 현실적으로는 잘했는지 못했는지 달성 여부를 판단할 지표가 필요하다. 그래서 나온 것이 KPI, CSF, BSC, KVD, 그리고 이 책에서 다룰 OKR이다.

KPI(Key Performance Indicator): 핵심 성과 지표

KPI는 중요한 비즈니스 목표를 대비하는 팀이나 조직의 진행 상태를 나타내는 지표이다. 조직은 KPI를 여러 계층에서 사용한다. 추적하려는 지표에 따라 조직 전체, 특정 팀 또는 개인의 KPI를 설정한다. 효과적인 KPI를 설정하면 전략적인 목표 달성을 향해 계획대로 진행하고 있는지 파악할 수 있다는 것이 장점이다. KPI는 현장에서 가장 많이 쓰는 용어이자 방법이다. 그렇다 보니 KPI는 무엇이고, 어떻게 구조화해야 하는지를 다루는 방법론이 꼬리에 꼬리를 물고 있다.

KPI는 말 그대로 목표를 달성하는 핵심적인 성과 지표일 뿐이다. 드러커가 말한 대로 측정 가능한 지표를 강조하여 대체로 정량적인 지표를 많이 쓴다. 이를 통해 설정한 지표의 달성 여부를 판단한다. 하지만 이러한 KPI를 평가 지표로 활용하다 보니 MBO와 묶여 비판을 받게 되었다. 이에 대한 대안으로 OKR이 대두된 배경이기도 하다. 게다가 많은 컨설턴트가 드러커를 오해하게끔 말하는데, 어떻게 말하는지 알아보자.

첫째, 목적을 틀리게 말한다. MBO는 보수와 승진을 결정하는 요소이고, KPI는 프로젝트의 달성을 위해 쓰이며, OKR은 조직의 전략 실행을 위한 것이라고 말한다. 앞에서도 언급한 것처럼 MBO는 목표에 의한 관리이지 성과급이나 승진 심사를 위한 것이 아니다. KPI는 핵심적인 지표일 뿐이다.

둘째, 시행 기간을 틀리게 말한다. MBO와 KPI는 1년 또는 반기이고, OKR은 3개월 주기라고 말하는데, MBO의 시행 주기는 정해진 바가 없다. KPI는 말할 것도 없다.

셋째, MBO와 KPI는 정량적인 데 비해 OKR은 정량적 외에 전략적, 즉 정성적이라고 말한다. 이 역시 오해이다. 피터 드러커는 MBO를 할 때 정량적으로 하라고 말한 적이 없다. 측정 가능해야 한다는 것을 정량적이라고 오해한 것이다.

넷째, 달성 수준에 대해 MBO는 100%이고, OKR은 60%~70%면 된다고 설명하는데, 이 부분이 가장 큰 오해다. 목표 달성은 크게 보아 달성과 미달성으로 나뉜다. 이러한 관점에서 보았을 때, OKR은 정해진 목표를 어느 정도 했다면 달성으로 본다고 이해하는 것인데 이상하지 않은가? 세부적으로 구분해 달성-보통 달성-거의 달성-미달-크게 미달과 같이 보는 것은 가능할 것 같다. 무엇이 되었든 달성률로 MBO와 OKR을 구분하는 것은 잘못되어도 한참 잘못되었다. KPI 역시 더 말할 것도 없다.

CSF(Critical Success Factor): 핵심 성공 요인

CSF는 기업이나 개인이 성공하기 위해 반드시 수행해야 하는 핵심적인 요소를 말한다. 이 개념은 1960년대에 매킨지컨설팅의 로널드 다니엘(Ronald Daniel)이 개발했다. 이후 80년대 말 MIT 슬론 경영대학원의 존 로커트(John F. Rockart)가 잘 다듬어서 인기를 끌게 되었다. 특히 고객에게 '핵심 성공 요인은 이것'이라고 설명하기에 적당해 많은 컨설팅사가 채택하였다. CSF 대신 KSF(Key Success Factor)라는 용어를 사용하기도 한다.

컨설턴트가 자신의 지식과 경험을 내세울 때, 세부 사항이 약간 다르다는 점을 강조하는 경우가 있다. KPI와 CSF가 무엇이 다른지 구분하여 길게 설명하는 컨설턴트도 있는데, KPI와 혼동할 필요가 전혀 없다. KPI를 수립할 때 CSF를 지표로 삼으면 된다.

BSC(Balanced Score Card): 균형 성과 카드

기업의 사명과 전략을 측정하고 관리할 포괄적 측정 지표 중 하나로, 1992년 컨설팅 회사인 '르네상스 솔루션'과 '하버드 비즈니스 스쿨'이 공동 개발했다. 그 이전에 대부분의 기업들은 성과를 평가하기 위해 매출액이나 수익 같은 재무 지표를 활용하고 있었다. 그런데 이런 재무적 지표만으로는 기업의 장기적 성과까지 측정하기가 힘들었다. 재무적 지표는 경영 전략과 연관되지 않고, 과거의 정보이며, 사후적 결과만을 강조해 미래 경쟁력에 알맞은 지표로 적합하지 않았다.

반면에 BSC는 재무적 측면과 더불어 고객, 내부 프로세스, 학습과 성장처럼 기업의 성과를 종합적으로 평가하는 균형 잡힌 성과 측정 기록표다. 현재 기업 상황을 평가할 때 사용할 뿐만 아니라, 미래를 향한 경고 같은 역할을 하며, 사업 전략을 세울 때 중요한 정보의 역할도 수행한다. 각각의 목표를 MBO로 다룰 수도 있고, 핵심 지표를 KPI로 설정할 수도 있다.

KVD(Key Value Driver): 핵심 가치 창출 인자

기업은 가치를 창출하고, 고객이 그 가치를 가진 상품이나 제품을 사용토록 하여 수익을 만들어 낸다. 하지만 대개의 경우 회사의 부가가치를 극대화하자는 목표는 공허한 구호에 그치고 만다. 부가가치 극대화를 실현하려면 핵심적인 동인(動因, Driver)이 무엇인지 판별해야 한다. KVD 역시 KPI를 수립하는 관점 중 하나로 사용할 수 있다.

GE의 예를 들어 보자. GE는 과거 20년간 잭 웰치(Jack Welch)의 리더십 아래 빛나는 성과를 창출했다. 그 기간 중 CEO 잭 웰치가 구성원과 함께 선포한 비전은 바로 'Be Number 1 or Number 2'였다. 즉, GE는 보유한 수십 가지 사업 중 해당 영역에서 1등이나 2등은 해야 한다는 것으로, 여기에 들지 못하는 사업의 경우 가차 없이 구조 조정을 단행하였다.

이런 비전 선포는 하부 미션인 '관료주의를 지양하고 작은 회사(Small Company)를 지향한다'에도 나타나 있었으며, 구성원들의 동기 부여를 위해 '속도(Speed)', '단순함(Simplicity)', '자신감(Confidence)'으로 요약되는 3가지 슬로건(Slogan)에도 명확하게 표현되었다. 미션, 비전, 슬로건이라는 정합된 구조 아래 GE가 주력한 것은 시장에서의 성과 창출이었다. 그리고 이것들은 성과를 현실화하기 위한 조직 구성원들의 수행 과제로 전환되었는데, 이것이 바로 비전 실행을 위한 핵심 동인, 즉 KVD다.

2장 정리

드러커의 MBO는 OKR을 포괄한다. 드러커가 말한 '측정 가능한 무엇'은 KPI, CSF, BSC, KVD 등으로 찾을 수 있다. 그런데도 우리는 OKR에 주목하고 있다. 이는 MBO가 상위 개념이냐 아니냐, OKR이 맞다 그르다를 따지는 것이 아니다. 드러커가 말한 MBO의 본질을 되살리는 데 필요한 방법을 OKR이 제시하기 때문이다. OKR은 평가의 관점이 아니라 목표를 달성하는 협업의 과정이며, 이를 위한 대화(Conversation), 피드백(Feedback), 그리고 인정(Recognition)의 지침이다.

3장

목표를 세운다

OKR은 목표와 핵심 과제로 구성된다.
어떤 목표인지에 따라 OKR의 성공 여부가 판가름 난다.

1 조직의 목표

조직의 목표를 말하기 전에 '목표'는 어떤 역할을 하는지 먼저 살펴보자. 에드윈 로크(Edwin Locke)는 인간이 합리적으로 행동한다는 기본적인 가정에 기초하여 개인이 의식적으로 얻으려고 설정한 목표가 동기와 행동에 영향을 미친다고 파악했다. 목표는 개인이 의식적으로 얻고자 하는 사물이나 상태를 말하며, 장래 어떤 시점에 달성하려고 시도하는 것이다. 이러한 의식적인 생각이 사람의 행동을 조절하기 때문에 목표 설정은 동기와 수행 모두에 효과가 있는 것이다.

우리는 어릴 때부터 높은 목표를 세우도록 강요받았다. "커서 무엇이 될래?"부터 난도가 높은 목표를 세우도록 유도되었다. 기업에서는 높은 난이도와 더불어 구체성을 요구한다. 구체적이고 높은 목표가 성과를 향상한다는 믿음 때문이다. OKR에서도 도전적인 목표를 세우라

이루어야 할 것은 다양하다. 목표는 다채로워야 한다.

고 하는 이유다.

많은 기업의 CEO가 매년 위기를 강조한다. 위기 아닌 해가 한 해도 없었다는 사실은 틀린 말이 아니다. 기업의 생존은 그만큼 절박한 하루하루로 이어진다. 위기가 없을 경우, CEO는 기회의 시기로 본다. 그래서 그만한 성과가 있기를 바란다. 당연히 목표가 커질 수밖에 없다.

달성하는 목표인가? 미달하는 원대한 목표인가?

매년 많은 기업들이 목표를 달성하면 성과급을 지급하곤 한다. 삼성전자의 PI(Productivity Incentive: 생산성 장려금)와 PS(Profit Sharing: 초과 이익 분배금)가 대표적이다. 기업마다 PI와 PS를 다소 다르게 정의하며 사용하고 있지만, 이는 목표와 직접적인 관련이 있다. PS는 목표 이익을 초과한 금액을 분배하는 재원으로 활용된다. 삼성전자는 대체로 목표 이익을 초과해 PS를 지급한다. OKR 관점에서 보았을 때 이는 이상하다. 원대한 목표를 수립하여 70% 정도만 달성해도 잘했다고 판단한다면 삼성전자는 PS를 지급하지 않을 것이기 때문이다. 현대자동차도 PS를 대체로 지급한다. 미달하는 원대한 목표보다 달성하는 구체적 목표를 선택한 셈이다.

그러므로 삼성전자와 현대자동차에서는 PS를 떠올리라고 하면 연봉의 50%, 자동차 구매, 대출금을 갚는다는 긍정적 단어가 쏟아진다. 만일 원대한 목표로 미달을 계속한다면 PS를 지급할 근거가 없어진다. 혹자는 70%만 달성하더라도 지급하면 되지 않느냐고 할 수도 있다. 그렇다면 70%가 목표가 되는 것이니 사실상 의미가 없다.

한편 PI는 생산성 목표를 달성했을 때 지급하는 장려금이다. 예를 들어, 차량 1만 대 생산 시 지급이라는 조건을 달성했을 때 지급하는 것이다. PI는 특별한 사정이 없는 한 달성하는 경우가 많다. 예로 든 차량 생산 1만 대는 가능한 생산 설비 능력과 근무 시간 범위 내에서 설정하기 때문에 대체로 달성한다.

그래서일까? PI는 고정적인 성격을 갖는 경우가 많다. 물론 기업과 업종에 따라 생산성이 미달하여 지급이 안 되는 경우도 있다. 이런 경우, 직원들은 과도한 목표로 인해 어차피 미달할 것이므로 PI는 별것 없다는 부정적인 생각을 하게 된다.

이러한 사정에 비추어 본다면, 조직 목표의 원대성은 장기적이어야 하고, 당해 연도 목표는 구체적이어야 한다. 노력하면 달성할 수 있다는 가능성을 마음속에 충분히 심어줄 필요가 있다.

목표를 관리하기 위해서는 비(非)목표를 관리해야 한다

중소기업으로 내려갈수록 MBO를 운영하기 어렵다고 말한다. 많은 스타트업에서도 목표를 수립하고 평가를 하는 데 MBO가 작동하지 않는다고 호소한다. 그래서 수시로 평가하겠다는 생각으로 평가 시스템을 찾기도 한다. 목표의 본질로 들어가면 해결책이 나오는데, 평가에 초점을 맞추다 보니 해결책을 못 찾는 것은 아닌지 다시 생각해 볼 필요가 있다.

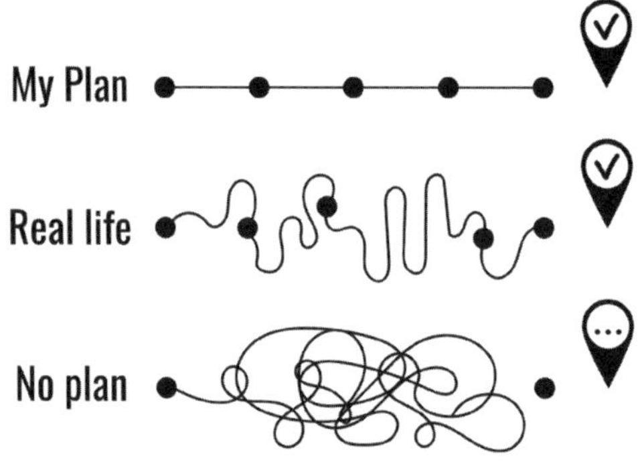

목표가 없어도 문제지만, 계획대로 되지 않는 것이 목표다.

목표를 1년에 한 번 수립하고, 그에 따른 업무가 1년 내내 변하지 않는다면 MBO는 그리 어렵지 않다. 그러나 많은 조직은 업무가 매월, 매일 달라진다. 그때그때 경영 환경이 달라지므로 분기 계획과 목표 수립도 어려운 것이 현실이다. 이런 상황에서는 어떤 경영 이론이나 방법론을 채택하더라도 MBO를 할 수가 없다.

1년 동안 목표가 있는 업무 처리와 목표가 없는 업무 처리를 비교해 보자. 만일 목표가 없는 업무가 절반을 넘으면 어떤 도구를 가져와도 작동하지 않을 것이다. 이런 조직이 목표 관리를 지속하려면 목표가 있는 업무와 목표가 없는 업무를 구분하고, 목표가 없는 업무도 적정하게 보상하는 체계를 갖추어야 한다.

직원이 출근해서 하고 싶은 일은 좋은 평가를 받고, 그에 따른 보상이 따라오는 목표와 직접적으로 관련 있는 업무이다. 하지만 출근하면 그것과는 달리 급한 업무를 처리하다가 퇴근하는 피곤한 일상이 되기

okr.best는 목표로 등록되지 않은 업무도 관리되도록 한다.

쉽다. 따라서 경영진은 일상 업무도 목표가 되도록 구조화하고, 목표와 동떨어진 업무를 지속한다면 궤도를 수정해야 한다. 목표와 관련된 업무를 진행하지 않으면 목표 미달은 불을 보듯 뻔하기 때문이다.

2 나를 위한 목표

조직의 목표는 조직을 이루는 각 개인의 목표 달성 여부에 달려 있다. 그래서 CEO 대부분은 사람이 가장 중요하다고 말한다. 실제로 사람을 가장 중요하게 여기는지는 모르지만, 조직의 목표 달성은 개인의 목표 달성으로 이뤄진다. 이 때문에 인사조직 관리 이론에서는 각 개인의 목표 달성을 이끌어 낼 '동기 부여론'이 중요한 테마다.

조직은 개인의 협동 행위, 즉 협업으로 이루어지며, 그것을 통하여

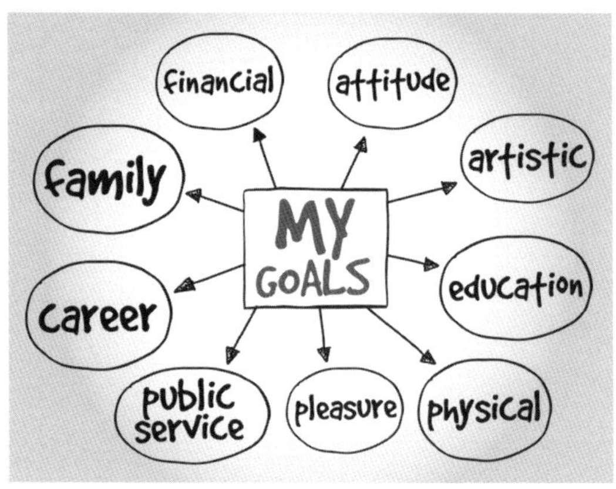

조직의 목표와 개인의 목표를 같게 하자는 동기 부여론은 달콤한 꼬드김에 불과하다.

목표를 달성해 간다. 또한 인간 개개인은 조직을 통해 의미 있는 생활을 영위해 간다. 그렇기에 평생 먹고 놀 만큼 재산이 많은 사람도 직업을 가지고 일을 하는 것이다. 이처럼 조직의 구성원인 개인은 조직을 통하여 자기 자신을 실현하고, 동시에 조직은 개인을 통하여 목표를 실현하는 관계인 것이다. 그러므로 조직 목표와 개인 목표가 합치하거나 조화로워야 한다는 관점은 분명 타당하다.

하지만 책에나 있을 법한 위와 같은 공자님 말씀이 현실에서는 그리 녹록지 않다. 조직 차원에서 보았을 때, 다른 팀의 목표 미달은 곧 나의 성공일 수 있기 때문이다. 누가 더 잘하느냐의 경쟁이면 좋겠지만, 누가 더 못하느냐의 경쟁으로 빠지는 경우를 쉽게 볼 수 있다. 마이크로소프트가 대표적인 사례다. 조직 간 총질로 회사 전체의 성과가 계속 내려가는 상황을 전 세계 사람들이 지켜보았다.

그래서 마이크로소프트의 사티아 나라야나 나달라 회장은 이러한 상황을 일거에 극복할 세 가지 질문을 임직원들에게 던졌다. 첫 번째는 '당신의 업적은 무엇인가?', 두 번째는 '당신은 다른 사람의 업적에 얼마나 기여했는가?', 마지막으로 '당신은 다른 사람이 만든 것을 가지고 더 큰 성과를 만들었는가?'가 그것이다. 그는 이 세 가지 질문으로 임직원들에게 자신의 업적 달성뿐 아니라 동료를 도와주고 지원하는 것, 그리고 동료의 도움으로 나의 성과를 만드는 것이 목표가 되도록 했다. 이로서 조직 간 총질에서 조직 간 지원으로 기업문화가 바뀌어 다시 옛 영광을 찾아가는 중이다.

Microsoft

MS의 인사 평가 질문

1. 본인의 업적은 무엇인가?
2. 다른 사람의 업적에 얼마나 기여했나?
3. 다른 사람이 만든 것을 가지고 더 큰 성과를 만들었는가?

마이크로소프트는 세 가지 질문으로 기업문화를 완전히 바꿨다.(출처: 한경 CHO Insight)

내일의 '나'가 목표가 되어야 한다

사티아 회장은 업적에 관한 질문과 함께 마이크로소프트 조직을 '아는 사람'에서 '배우는 사람'으로 바꾸었다. 조직이든 사람이든 '발전한다'는 것은 '어제보다 오늘과 내일 나아진 무엇인가가 있다'는 뜻이다. 그것은 매출이나 생산성과 같은 정량적인 성과 외에도 개인 단위로 할 수 있는 것이 더 생기거나 어제보다 더 잘하게 되었음을 의미한다.

okr.best는 조직의 목표에 어떻게 기여할 것인지 목표와 핵심 과제를 수립하고, 실행하게 하는 것에서 좀 더 나아가려 한다. 조직의 목표 달성과 평가를 위한 도구는 많다. okr.best는 어제보다 나은 나를 위한 목표를 수립하고, 실천하는 도구로 활용되길 바란다. 이를 위해 모든 업무에 나의 어떤 목표를 위한 것인지 태그를 붙이고, 태그별로 어떤 성과

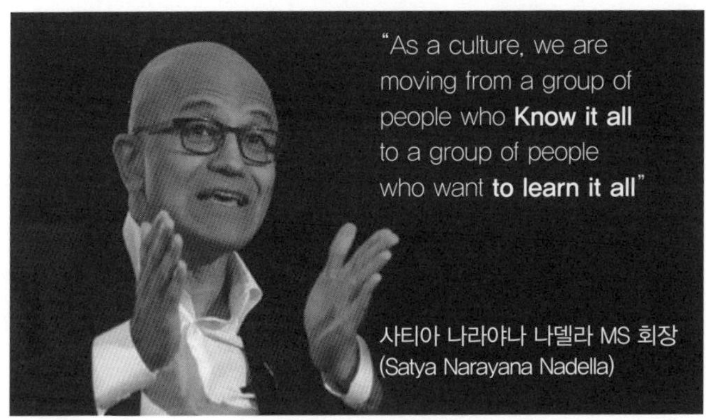

마이크로소프트가 오늘보다 내일을 기대할 수 있게 된 말이다.(출처 : 한경 CHO Insight)

를 내었으며, 어떤 실패가 있었는지 보여준다.

A라는 업무에서 B라는 역할을 하고, C라는 성과를 내야 한다

임원을 포함하여 많은 직원들은 일을 잘한 결과인 '성과'와 열심히 무엇을 한 '실행'을 잘 구분하지 않는다. 무엇인가 한 실행을 성과라고 생각하는 경우가 많다. 가령, 경력 사원을 뽑을 때 "어떤 성과를 내셨나요?" 하고 물었는데, "저는 서울대 법대를 나와서 삼성전자를 다녔습니다" 하고 말한다면 성과의 의미를 모르는 것이다.

어떤 회사를 다녔고, 어떤 업무를 했으며, 어떤 프로젝트를 맡았는지는 성과가 아니다. 열심히 일한 것 역시 성과가 아니다. 고생한 것이나 최선을 다한 것도 마찬가지다. 그렇다면 깨알같이 많은 업무를 수행

okr.best에서는 나를 위한 목표에 태그를 붙이고, 태그별로 성과를 측정할 수 있도록 해준다.

한 경험은 성과일까? 아니다. 그런데 그것을 성과라고 생각하는 사람이 많다. 우리는 평가 시즌이 다가오면 자신이 한 일만 잔뜩 나열한 후 좋은 평가를 기대하는 직장인을 주변에서 쉽게 볼 수 있다.

나는 그 업무에서 어떤 역할을 했는지, 어떤 구체적인 성과를 냈는지, 그래서 자신에게 어떤 능력이 있고, 무엇을 맡기면 잘해 낼 수 있다는 것인지가 곧 나의 성과이자, 목표가 되어야 한다. 이처럼 성과는 매우 구체적이어야 한다. 예를 들어, A라는 업무에서 B라는 역할을 했고, C라는 성과를 냈다고 말할 수 있어야 한다.

성과 못지않게 과정도 중요하다. 최선을 다하는 모습은 기본이다. 에너지를 쏟아붓는 열정도 필요하다. 과정이 잘 만들어져야 결과도 좋을 가능성이 크기 때문이다. 모든 업무마다 성과가 생길 수는 없다. 실

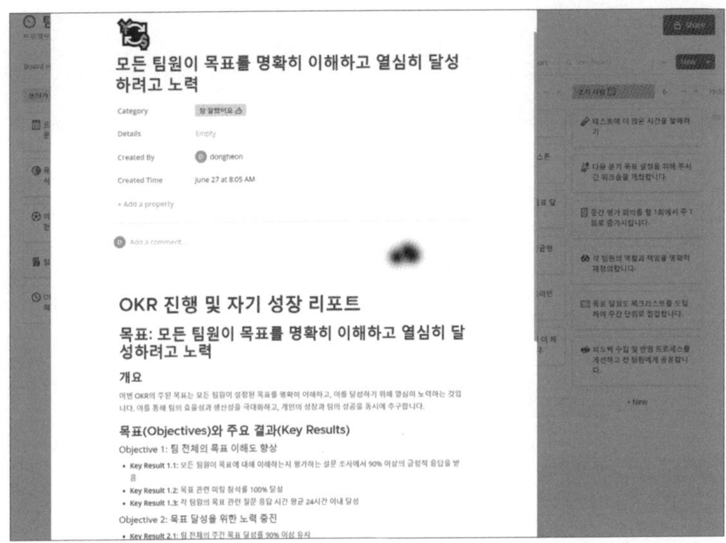

okr.best는 자기 성장 리포트를 작성하여 나를 위한 목표 수립과 실천을 구조적으로 지원한다

패도 있기 마련이다. 하지만 과정을 보면 다음 업무에서 성과를 낼 수 있을지 예측할 수가 있다. 개인은 과정이 쌓이면서 성장한다. okr.best는 개인별로 자기 성장 리포트를 자유롭게 작성할 수 있으며, 조직의 장과 동료들은 서로 개개인의 자기 성장 리포트를 보며 어떤 도움을 줄지, 커리어 패스는 어떻게 마련해 줄지, 교육 과정은 어떻게 할 것인지 구상할 수 있고, 언제든지 조언해 줄 수도 있다.

3 너를 위한 목표

'인간은 이기적이다'라는 명제는 의심할 이유가 없이 명확하다. 이 책의 주제인 '목표'는 기본적으로 나를 위한 것이다. 조직의 목표 달성도 내면적으로는 나와 관계가 있기 때문이다. 공자도 남을 위한 학문(爲人之學)이 아니라 나를 위한 학문(爲己之學)을 추구하라고 가르쳤다.

그러나 우리는 사람 본성이 남을 도와주는 데에도 있음에 주목할 필요가 있다. 가령, 아이가 우물에 빠지려 할 때 우리는 아무 조건 없이 그 아이를 끌어안고 구하려는 마음이 생긴다. 맹자에 따르면 타인의 불행을 아파하는 마음, 즉 측은지심(惻隱之心)은 모든 사람에게 있는 것으로 선천적이다. 이와 같이 본능적으로 서로 타인과 도움을 주고받아 온 것은 인간과 동물을 구분하게 만든 동력이기도 하다.

그럼에도 불구하고 인간이 개인별, 지역별, 국가별로 집단 이기주의를 보여준 사례는 무수히 많다. 대부분의 전쟁이 발생하는 이유다.

이타적인 인간을 대우해야 진화한다

초창기 검색엔진인 야후, 알타비스타 등은 사이트를 찾아주는 역할

네이버는 검색을 질문이라고 파악하고, 답변을 주는 구조를 만들었다.

만 했다. 네이버는 여기서 한걸음 더 나아가 검색창에 입력한 내용을 질문으로 생각하고 답을 주는 구조를 만들어 서비스하였다. 바로 '지식인'

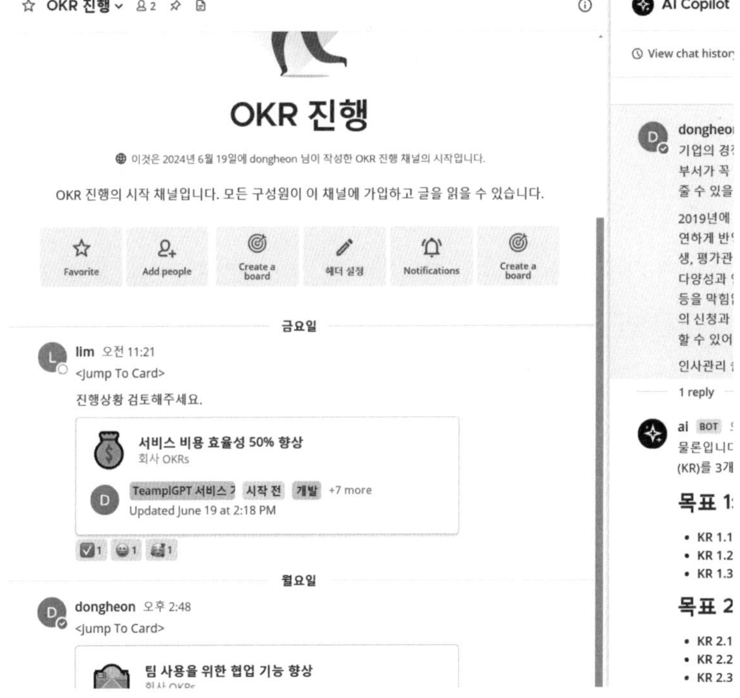

okr.best는 AI를 활용하여 목표 설정을 지원하고, 연간 업무가 목표에 얼마나 부합하고 있는지 체크해준다.

이타성을 발휘하도록 해야 조직이 진화한다.

이다. 기존 검색엔진이 사이트를 찾아서 다시 한번 원하는 답을 찾아야 하는 데 비해 네이버는 바로 답을 찾아준 것이 성장의 큰 원동력이 되었다. '지식인'은 수많은 질문에 수많은 사람이 대가 없이 답변을 했는데, 이는 남을 도와주는 것을 좋아하고 기뻐하는 인간의 본성에 기인한다.

조직 내에서도 이타적인 마음으로 동료들을 도와주는 사람이 있다. 동료를 위해 돕고, 격려하고, 조언하고, 지원하고, 제안하고, 토의하며 해결책을 마련해 주는 사람 말이다. 이들은 이러한 활동에 자발적으로 에너지를 쏟아부으면서 정성을 다한다. 그러나 이기적인 동료들이 그들을 부려먹어도 된다는 생각을 하고, 조직이 그들의 노력을 성과로 인정해주지 않는다면 그들은 더 이상 이타심을 발휘하지 않을 것이다. 영어를 잘한다는 이유로 조직이 아무런 대가도 없이 매번 번역을 시킨다

okr.best는 동료의 지연되고 자신 없는 업무에 참여할 수 있는 메커니즘을 제공할 뿐만 아니라 도움을 요청할 수 있는 메커니즘도 제공한다.

면 영어를 잘한다는 소문이 나지 않기를 바랄 것이 자명하다.

조직의 목표 달성을 개인의 이기심에만 의존하면 타인의 실패는 곧 나의 성공이라는 등식이 성립한다. 내가 목표 달성에 조금 미달할 때, 동료가 더욱 미달한다면 그만큼 나는 동료보다 큰 성과를 낸 것이 되기 때문이다. 마이크로소프트는 개인과 조직의 이기심으로 커진 개인 간, 조직 간 고립과 갈등을 '다른 사람의 업적에 얼마나 기여했나?' 하고 묻고 평가하여 곪은 문제를 일거에 해결했다.

그래서 okr.best는 이타심을 발현시키고, 이를 어떻게 체계화할 것인지 고민하였다. 개인의 실력은 혼자 할 때보다 남을 도와줄 때 좀 더 빠르고 깊게 발전한다. okr.best는 선임, 후임, 동료의 업무 중 지연되는 부분을 쉽게 파악하도록 해준다. 이를 통해 지연된 부분을 함께 해결할 수 있도록 도움을 직접 줄 수 있다. 직접적인 도움을 줄 수 있는 CFR, 즉 대화(Conversation)와 피드백(Feedback), 인정(Recognition)은 5장에서 좀 더 상세히 다루도록 하겠다. okr.best는 CFR을 통해 이타심을 발휘하는 동료가 대우를 받도록 하려 한다.

한편, 우리는 어떤 일을 자신 있게 할 때도 있지만, 경험 부족, 지원 부족, 장비 부족 등의 이유로 자신감이 떨어져 있을 때도 있다. 동료란 무엇인가? 이럴 때 격려하고 의논하여 같이 해결하는 사람이 진정한 동료다. 그래서 okr.best는 자신감을 3단계로 나누어 자신감이 없거나 진전이 없는 업무를 함께 해결할 수 있도록 돕는다. 이렇게 이타심이 발현되는 문화에서 도와달라는 것은 전혀 창피한 일이 아니다. 서로 도움을 주고받는 것은 인간의 본성이기 때문이다. 그래서 okr.best는 도움이 필요한 업무도 구체적으로 밝히도록 했다.

4 우리를 위한 목표

인간은 사회적 동물이다. 우리는 집보다 직장에서 더 많은 시간을 보내고, 친인척보다 동료와 더 많이 소통한다. 이러한 개인을 조직에서 떼어낸다면 어떻게 될까? 존재 의미가 없어질 것이다. 적어도 이 책을 읽는 독자라면 1인 기업가는 아닐 것이다. 설사 1인 기업가라 하더라도 홀로 경제 활동을 영위할 수는 없다. '우리'가 특히 중요한 우리 사회에서는 더더욱 그렇다.

조직 생활에서 대접을 받으려면 기본적으로 자기 몫을 해야만 한다. 따라서 무엇보다 나의 성장, 나의 성과가 우선시되어야 한다. 즉, 나에게 초점을 맞춰 자신의 실력을 키워 나가는 것이 첫째가 되어야 한다. 하지만 아무리 똑똑해도 개인은 분명한 한계를 지니고 있다. 결국 이를 극복하기 위해서는 팀이나 조직을 이뤄서 일해야 한다. 그러기 위해서는 관점을 바꿔야 한다. 혼자 성장하고 혼자만이 최고가 아니라 '우리'여야만 성과를 낼 수 있다. 최근 노벨상 수상자는 모두 2인 이상이다. 그만큼 혼자만의 노력으로 성과를 만들어 낼 수 있는 구조가 아닌 것이다.

개인의 성과를 우선시하는 선수는 방출된다

조직의 구성원은 매우 다양하다. 주도적인 사람, 소극적인 사람, 승리와 성장에 대한 열망이 강한 사람, 평화와 안정을 추구하는 사람 등 그야말로 각양각색이다. 그러니 조직이 커질수록 내가 원하는 자질과 가치를 지닌 특정한 사람과 함께 일할 수 없는 것은 당연하다. 이렇게 다양한 구성원과 함께 조화를 이뤄내는 것이 바로 성과다.

프리미어리그에서 활약하는 손흥민 선수는 인터뷰할 때마다 개인의 골이기 전에 팀의 승리라고 말한다. 야구의 이승엽 선수도, 농구의 서장훈 선수도, 배구의 김연경 선수도 같은 말을 했다. 축구, 야구, 농구, 배구는 물론이고, 어떤 스포츠든 개인의 성과를 우선시하는 선수는 감독이 용인하지 않는다. 우리를 배제한 채 자신의 성과에만 몰입한다

생사 여탈을 쥐고 있는 모든 감독은 팀 퍼스트다.

보이지 않으면 멀어진다. Okr.best는 눈으로 볼 수 있도록 하여 공동 목표가 함께 달성되도록 지원해준다.

면 조직에서 받아들이지 않을 것은 불을 보듯 뻔하다. 이로 인해 결과적으로 나만의 성과가 존재하지 않는 것은 물론이다.

과거 트럼프 전 미국 대통령은 '아메리카 퍼스트'를 외쳤다. 다음 대통령인 바이든도 여기서 크게 벗어나지 않았다. 세계를 한 팀이라고 가정한다면, 미국은 한 개인에 불과하다. 세계라는 큰 틀의 팀 퍼스트가 아니라 미국의 이익만을 중시하는 개인 퍼스트를 우선시한다면 어떻게 될까?

우리를 위한 목표는 결과적으로 나를 위한 목표일 수밖에 없다. 하지만 우리를 우선한다고 해서 나를 희생하는 것은 올바른 방법이 아니다. 대(大)를 위한 소(小)의 희생은 권력자의 통치를 위한 핑계일 뿐이다. 만일 우리 회사 CEO가 이런 말을 공공연히 한다면 조용히 다른 직장을 찾는 것이 좋다.

개인의 역량은 조직에서 업무에 활용될 뿐만 아니라 개인이 일상을 살아가는 삶의 도구로도 쓰인다. 직장 내 별의 자리에까지 올랐던 임원들이 퇴직 후 골프나 등산으로 소일하는 이유는 조직을 떠나 홀로 설 역량이 부족하기 때문이기도 하다. 개인의 삶은 가정과 학교에서 '나'의 역량을 갖춘 후, 직장에서 '우리'를 위한 일을 하다가 다시 '나'라는 본질로 돌아간다. 거기에 맞는 우선순위와 개인 역량을 갖춰야 우리는 제대로 살아갈 수 있다.

그런데 조직에서 '○○ 퍼스트'를 실행하려면 개인의 목표에 공동의 목표를 부여해야 한다. 즉, 팀 퍼스트를 위한 팀원의 공동 목표, 본부 퍼스트를 위한 팀의 공동 목표, 회사 퍼스트를 위한 본부의 공동 목표가 있어야 한다. 하지만 연초에 만든 공동 목표를 잊고, 어느 순간 남의 실패가 좁은 의미에서 '우리'의 성공이 되어 버리곤 한다. 왜 그럴까? okr.best는 공동 목표에 따른 공동 노력을 시각화하지 않았기 때문이라고 진단한다. 본부 단위로 공동 목표가 있고 CEO가 진행 상황을 수시로 점검한다면, 어떤 본부장도 공동 목표를 소홀히 할 수 없다. 그래서 okr.best는 조직 차원에서 목표와 핵심 과제를 나열하고, 진행 상황을 체크하도록 하고 있다.

한때 시장을 석권했던 미국의 휴렛 패커드(HP: Hewlett Packard)는 칼리 피오리나를 CEO로 영입하여 단기 성과를 이뤄냈다. 이는 HR의 5가지 인사 원칙, 즉 인간 존중의 경영철학 중시, 개인의 성장은 기업의 성장이라는 공식, 현장 중심의 인사 관리, 내부 인재 등용, 높은 수준의 임금과 복리 후생이라는 '우리의 목표'를 파괴하고, '개인의 성취욕'을 중시하는 문화로 변경한 결과였다. 피오리나의 성공은 '나의 목표'에 매몰되어 기회와 고용의 안정성, 건의나 이견에 대한 용인, 그리고 목표에 의한 관리가 깨지면서 발생된 것으로 HP 몰락의 시발점이 되었다.

3장 정리

OKR의 시작은 목표이다. 제대로 된 목표를 수립해야 핵심 과제도 도출된다. 평가 주기, 상향식/하향식, 보상 여부 등과 같이 OKR을 도구적 관점으로 접근해서는 성공하지 못한다. OKR의 시작은 어떤 목표여야 하는지 깊은 고민에서 비롯되어야 한다. 조직의 목표가 나를 위한, 너를 위한, 그리고 우리를 위한 목표일 때 비로소 성공의 첫 계단이 된다.

4장

목표를 정렬한다

목표가 모든 구성원에게 정렬되기 전
기업에서 가장 큰 불만을 가진 사람은 최고경영자다.

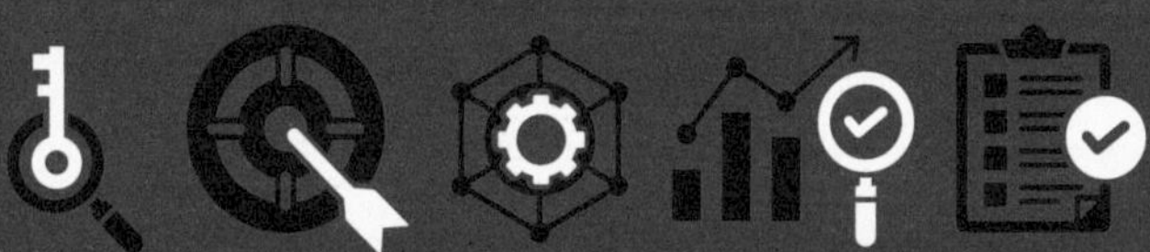

1 목표 정렬의 차원

1981년에 GE 역사상 최연소 CEO가 된 잭 웰치는 1980년대와 1990년대를 수놓은 훌륭한 기업가이자, 성공적인 경영 원칙을 지닌 '미국판 경영의 신(神)'이다. 그는 엄청난 강도로 구조 조정을 진두지휘해 뒷걸음질치던 GE를 다시 빛을 발하는 기업으로 만들었다. 그에게 "어떻게 이런 놀라운 성과를 내게 됐습니까?"라고 물었다. 그 질문에 잭 웰치는 "내가 가고자 하는 방향과 우리 직원들이 가는 방향이 같았기 때문입니다"라고 답했다.

조직의 방향과 목표 설정은 최고경영자의 중요한 역할이다. 이보다 더욱 중요한 것은 최고경영자의 목표, 즉 조직의 상위 목표와 하위 목표를 그리고, 경영진의 목표와 구성원 개인의 목표를 어떻게 연결하여 정렬하느냐이다. 그래서 잭 웰치는 회사에서 마주치는 직원을 무작위로 멈춰 세우고 "당신의 목표는 무엇인가?", "지금 그 목표는 어떻게 진행되고 있는가?", "내가 무엇을 도와주면 되는가?" 하고 깜짝 질문을 했다. 이런 질문은 한 이유는 직원 누구나가 자신의 의지를 담은 진정성 있는 목표를 가져야 한다고 믿었기 때문이다. 그는 훌륭한 목표가 직원 개개인의 마음 속에 새겨져 있으면 일상에서 매일매일 성취해야 할 업

잭 웰치 재임 기간 동안 GE는 연매출이 250억 달러에서 1,300억 달러로 4배 이상 증가했고, 시가총액은 30배 이상 늘어났다.

무 기준이 된다고 생각했다.

상사는 목표를 정렬하는 사람이다

앤디 그로브는 30년 가까이 인텔의 CEO로 있으면서 우리나라의 정주영 회장이나 이병철 회장과 같이 모든 사항을 결정하는 회사 내 유일한 존재였다. 하지만 그는 자신의 지위와 권한을 남용하여 독선적이거나 일방적으로 소통하는 것을 피했다. 대신에 그는 논리적 대안을 제시하고, 합리적 토론을 통해 겸손하게 합의를 구함으로써 임직원들을 설득했다.

조직에서 윗사람은 아랫사람들에게 수없이 많은 업무를 지시한다.

CEO의 E는 Executive이기도 하지만, Empathy(감정 이입, 공감)이기도 하다.

그 과정에서 "내가 당신을 이해시키기 위해 몇 번이나 이야기를 했냐"라며 부하 직원의 몰이해와 우둔함을 지적하곤 한다. 그러나 소통의 성공 여부는 몇 번을 말했느냐가 아니라, 어떤 공감대를 형성하여 서로를 이해했느냐에 따라 갈린다.

리더는 조직의 목표를 강조하는 데 만족해서는 안 된다. 듣는 사람에게 그것을 자신과 같은 수준으로 이해하고, 받아들이도록 해야 한다. 리더가 수없이 말해도 부하 직원이 움직이지 않는 이유는 그 말을 자신의 가치, 신념, 감정, 경험으로 걸러서 듣기 때문이다. 따라서 진정한 설득은 횟수나 언변에서 나오는 것이 아니라, 상대가 공감하도록 만드는 능력에 따라 결정된다. 조직을 한 방향으로 정렬하는 것이 무엇보다 중요한 이유가 여기에 있다.

잭 웰치는 회사를 운영하며 여러 스캔들에 휘말리기도 했다. 1992년 GE항공 엔진부는 제트 엔진을 주문받기 위해 이스라엘 장군에게 4,200만 달러를 제공한 혐의로 유죄를 받았다. 수년간 오염 물질을 허드슨강에 버렸다는 폭로가 나오기도 했다. 이 때문에 그에게는 항상 양면적 평가가 따라붙었다. 한쪽에서는 '경영의 귀재'라고 했지만, 다른 한쪽에서는 '구(舊)경영의 화신'이라고 평가 절하했다. 특히 세계 최고 기업 중 하나였던 GE가 웰치 전 회장이 퇴임한 2001년 이후 고질적 경영난을 겪고, 2018년 미국을 대표하는 30개 우량 종목 리스트인 다우존스지수에서 퇴출당하자 이런 비난은 더욱 따가워졌다.

하지만 최근 들어 세계적 혁신 기업들을 보면 웰치 전 회장이 주장한 경영 기법을 그대로 따르는 추세다. 영국 〈파이낸셜타임스〉는 잭 웰치가 "고용 안정이 직원들에게 일할 동기를 부여한다"는 주장을 정면으로 반박한 점을 높이 평가했다. "조직 내에서 적절한 보상과 질책이 이뤄지지 않는다면 오히려 조직에 더 필요한 유능한 인재의 의욕이 꺾일 가능성이 높다"는 그의 지론은 오늘날 넷플릭스와 구글의 인사 정책과 꼭 맞아떨어진다.

최근 들어 구찌 같은 트렌디한 기업들에게 각광받는 '리버스 멘토링(Reverse Mentoring)' 기법도 웰치 전 회장이 시작한 '타운 미팅'에 뿌리를 두고 있다. 〈비즈니스 인사이더〉는 "기업이 효율성을 제고하는 방법이 구조 조정과 해고가 아닌 신기술 개발과 새로운 경영 모델 개발 같은 차원으로 변하면서 웰치 전 회장의 이론이 구닥다리로 취급되는 경향이 있지만, 과감한 결단과 추진력으로 효율성을 높인다는 기본 원칙은 달라지지 않았다"며 "그가 어려운 시기에도 오히려 유능한 직원에게는 연봉을 올려주고, 장기적으로 성과에 따른 주식 양도까지 약속했을 만큼 사람을 아끼는 경영자였다는 점도 기억해야 한다"고 분석했다.

2 먼저 생각해야 할 핵심 결과

연말이면 당해 연도 실적을 평가하고, 내년도 사업 계획을 수립하는 데 많은 시간을 투자한다. 사업 계획이란 다음 해에 조직에서 무엇을 할지 목표를 수립하는 것으로, 필자도 십수 년 회사를 다니며 한 번도 거른 적이 없다. 연말이나 연초에 수립하는 사업 계획은 대기업일수록 더 꼬장꼬장하다. 꼬장꼬장은 가늘고 긴 물건이 굽지 아니하고 쭉 곧은 모양을 말한다. 이번 달도 어찌 될지 모르는데, 1년 뒤의 사업, 일정, 예산 등을 쭉 곧은 모양으로 만들어 내기란 사실상 불가능하다. 그런데도 경영기획 부서는 사업 계획 템플릿을 던져 주고, 언제까지 제출하라고 밀어붙이기 일쑤다.

전문 경영인과 오너 경영인의 사업 계획은 다르다

그룹 계열사인 K사에 모기업에서 뽑은 전문 경영인이 사장으로 내려왔다. 임명장을 받은 전문 경영인은 기본적인 회사 상황을 파악한 후, 오너 경영인에게 회사를 어떻게 이끌 것이고, 무엇을 이루겠다고 보고했다. 그 결과, 합의된 경영 목표를 갖게 되었다. 임기 중 목표를 달성하

사업 계획은 꼬장꼬장하지 않다. 중요한 일은 올해 무엇을 할 것인지 결정하는 것이다.

기 위한 경영 활동이 시작되었다. 전문 경영인은 오너 경영인이 승인한 경영 목표를 중간에 바꾸지 않았다. 매출을 더 높일 수 있어도 바꾸지 않았다. 기술개발 일정이 앞당겨질 것 같아도 변경하지 않았다. 초과 달성할 기회를 버릴 이유가 없기 때문이었다.

이처럼 전문 경영인에게는 달성 가능할 정도의 목표 수립이 매우 중요하다. 오너 경영인의 이해를 돕고, 그를 잘 납득시켜야 하기 때문이다. 전문 경영인은 오너 경영인에게 어렵게 승인받은 사항을 중간에 바꿀 이유가 전혀 없다. 목표에 미달할 경우에도 오너 경영인에게 목표를 낮추자는 보고 역시 하지 않는다. 자리를 내놓을 각오라면 몰라도 말이다.

그래서 전문 경영인을 모시는 직원은 목표를 달성하기 위한 노력만 하면 그만이다. 요즘에는 특별한 사유가 없다면 오너 경영인이 전문 경영인을 1년에 한 번 평가하므로 그 유효 기간은 대략 1년인 셈이다. 전문 경영인이 기업을 운영하는 경우, 사업 계획은 이렇게 수립되고 운영된다.

사업은 지속되는데, 왜 1년 단위 사업인가?

목표라는 것을 언제까지 써오라고 지시하면 뚝딱 만들어지는 것으로 생각하는 경향이 있다. 목표란 모든 조직 구성원이 함께 보고 달리는 북극성 같은 것이다. 목표는 담당자 한 명이 모니터에 사업 계획 템플릿을 열어 놓고, 숫자와 명사와 형용사를 그럴듯하게 끼워서 만들어낼 수 있는 것이 아니다. 그나마 매출 목표, 이익 목표는 숫자로 표현할 수 있기에 어떻게든 만들어 낼 수는 있다.

그럼에도 불구하고 연초에 먼저 생각해야 할 핵심 과제는 있어야 한다. 영업 부서는 매출이나 이익과 같은 숫자만 보면 되지 않느냐고 말하는 임직원이 많다. 현장에서 뛰기 때문에 영업을 하는 사람들은 서류 작업(Paper Work)이 익숙하지도 않고, 매우 싫어하는 일이기도 하다. 이들이 숫자를 달성하려면 근본적으로 영업력을 높여야 한다. 따라서 영업본부장의 핵심 과제는 '영업 조직 활성화'가 될 수 있다.

하지만 '영업 조직 활성화'는 팀장과 담당자들이 구호를 외치고, 현수막을 붙인다고 이루어지는 것이 아니다. 먼저 실천 사항을 설정해야

달성해야 할 것은 숫자가 아니라 핵심 결과다.

한다. 이를 위해 고부가가치 고객 선정과 집중, 영업 관리 시스템 도입, 프로세스 매뉴얼 개선, 영업 스킬 강화라는 네 가지 실천 사항을 도출했다고 가정하자. 이를 실천하려면 이 과제가 예하 팀의 목표가 되도록 해야 한다. 팀이 네 개라면 각 팀에 할당할 수도 있다.

이렇게 하고 나면 각 팀은 다시 할당받은 목표를 달성하기 위해 팀 차원의 실천 사항을 개발해야 한다. 가령 '프로세스 매뉴얼 개선'을 할당받은 팀은 이를 위한 실천 사항으로 '기존 프로세스 조사', '경쟁사 프로세스 벤치마킹', '매뉴얼 수정', '매뉴얼 사용법 교육' 등을 개발하는 것이다. 그러고 나면 팀장이 각 팀원과 협의하여 이를 팀의 목표로 설정한 뒤 구체적인 액션 플랜을 수립하고 실행해 나가야 한다. 그 후 진행 과정을 관찰하고 목표가 달성되도록 지원하면 영업 본부장의 핵심 과제를 달성할 수 있다. 이렇게 하면 회사, 부서, 개인의 목표가 논리적으로 연결되기 때문에 하나의 나무처럼 표시하는 것이 가능해지고, 이 그림이 제대로 그려지면 일관성 확보와 체계적 실행도 가능해진다.

작년과 동일한 제품을 고객에게 소개하고 판매하는 영업 활동은 대개 작년 12월과 금년 1월이 크게 다르지 않다. 이런 경우, 연초에 먼저 생각해야 할 핵심 과제가 없다면 작년과 금년이 똑같게 된다. 작년과 금년이 같고 내년도 똑같다면, 그 조직은 유지되는 것이 아니라 매해 쇠락하여 사라지는 단계를 밟는다.

늙어 가던 IBM을 젊은 기업으로 변화시킨 루 거스너(Louis V. Gerstner) 회장은 "우리가 해온 방식은 분명히 문제가 있습니다. 변화가 필요한 시점입니다. 문화 혁신이 모든 변화의 핵심이 되어야 합니다"라는 메시지를 직원에게 전달했다. 이런 메시지를 직원들에게 전달하지 않은 유럽 지역 사업 책임자를 해고한 적도 있다. 거스너의 핵심 결과는 다음 3가지로 요약할 수 있다.
먼저 고객을 중시하는 것으로, '우리가 무엇을 만들 수 있는가'에서 '고객이 필요로 하는 것이 무엇인가'로 바꿔 고객의 니즈를 파악한 후 고객이 사용하기 쉬운 기술을 만들도록 했다. 두 번째로 불필요한 절차를 만들고 자신의 특권을 보호하는 행태를 '관료주의'로 정의하고, 보고 절차를 간소화했으며, 부분의 이익이 아니라 전체의 최적화가 이뤄지도록 했다. 세 번째로는 구체적인 성과를 중시하는 것인데, '성과를 시장의 결과'로 정하고, 보상 수준을 결정해 사업 실적과 회사에 대한 개인의 기여도에 따라 인센티브를 차등 지급했다. 이런 핵심 결과를 시행하여 그는 IBM을 기존의 하드웨어 중심 기업에서 소프트웨어와 솔루션 중심 기업으로 탈바꿈시켰다.

3 아무때나 나타나는 핵심 결과

앞에서 전문 경영인의 사업 계획으로 핵심 결과를 설명했다. 이번에는 오너 경영인의 사업 계획으로 핵심 결과를 설명할 것이다. 오너 경영인은 죽이 끓듯 변덕이 심하고, 성격이 급하며, 의심이 많다는 공통점이 있다. 물론 이것은 필자의 개인적 소견일 뿐 모두 그런 것은 아니다. 하지만 필자는 이런 속성이야말로 오너 경영인의 성공 요인이기에 그저 겉으로 표현하지 않을 뿐 모두가 가지고 있다고 본다.

잦은 변경, 빠른 시도, 합리적 의심이 사업 계획을 성공시킨다

오너 경영인은 전문 경영인처럼 사업 계획을 완벽하게 수립하지 않는다. 그럴 이유가 없기 때문이다. 오너 경영인이 전문 경영인보다 의사결정을 빨리 하는 것은 자신이 판단하고 결정하기에 불확실한 정보로 불완전한 결정을 할 수 있어서다. 세상사가 모두 그렇듯 100% 확실한 정보와 완전한 검토는 존재하지 않는다. 일단 일을 시작하면 확실성과 완전성은 점차 높아진다. 처음 결정을 지킬 이유가 없다.

그렇기에 오너 경영인은 아침에 결정했어도 점심 먹는 사이에 정보

혁신, 개선, 발전, 변화는 연초 계획으로 불가능하고, 합리적 의심에 근거한 잦은 변덕과 빠른 실행으로 가능하다.

가 하나 더 들어오면 바로 변경하도록 지시한다. 아랫사람은 죽을 맛이다. 오너 경영인은 아침에 결정한 사항을 오후에 바꾸고, 오후에 바꾼 사항을 저녁에 또 바꾼다. 이런 변덕은 상황에 따른 적재적기의 대응으로 이어져 성공의 제1 요인으로 작용한다.

또한 오너 경영인의 결정은 거칠 것이 없다. 즉시 빨리빨리 진행한다. 그 사이에 수정하고 보완해 나간다. 현대제철이 당진에 제철소를 건설하면서 포스코 출신을 많이 영입한 적이 있었다. 당연히 포스코와 현대제철의 문화 사이에는 충돌이 잦았다. 포스코 출신은 과거에 전문 경영인과 일했다. 준비를 철저히 해서 계획한 대로 돌격하는 스타일이었다. 반면에 현대제철은 오너 경영인 스타일이었다. 준비 기간이 짧고,

우선 삽부터 들었다. 그것도 빨리빨리 했다. 당연히 중간에 실수도 하고, 시행착오도 발생했다. 그런데 수정과 보완도 잘했다. 오너 경영인의 두 번째 성공 요인이다.

이처럼 합리적 의심도 성공 요인이 된다. 누구나 실수를 하기 때문이다. 보정할 준비를 하고, 중요한 사항은 여러 경로로 확인하며, 진행 상황을 파악해 필요한 조치를 하면 실수도 만회가 가능하다.

진도율은 주간 업무 회의에서 확인하는 것으로 충분하다

많은 기업들이 연초에 사업 계획을 수립한 후, 쳐다보지도 않다가 연말에 평가를 실시한다. 심지어 평가 결과를 직원들에게 공개하지 않는 기업도 많다. 이렇게 수립한 사업 계획이 쓸모 없는 이유는 크게 2가지다.

첫 번째는 작년에 한 일을 올해도 동일하게 하기 때문이다. 사업 계획 자체가 필요 없는 경우다. 이런 조직은 사업 계획이 있으나 없으나 모두가 관성적으로 일한다.

두 번째는 연초에 정한 목표와 전혀 다른 일을 하기 때문이다. 중소기업에서는 매월, 매일 새로운 일이 터진다. 급한 일을 처리하고 고객의 급작스러운 요구에 대응하다 보면, 연초에 세운 목표는 들여다볼 시간조차 없다. 이런 경우, 연초에 세운 사업 계획은 아무 의미가 없다. 오히려 사업 계획을 수시로 아무때나 수립하는 것이 더 효과적이다.

최근에 수시 평가를 하려는 기업이 늘고 있다. 1년에 한 번 하는 평가가 제대로 되지 않으니 수시로 하자는 취지이다. 그런데 1년에 한 번도 힘들다면서 어떻게 수시로 평가를 하자는 것인지 도무지 알 수가 없다. 수시 평가를 하기 위해서는 수시로 목표를 세워야 한다. 1년에 한 번 목표를 수립하는 것도 어려운데, 어떻게 수시로 목표를 수립한다는 말인가? 필자 생각에 수시 평가는 목표를 1년에 한 번 수립하되, 평가를 자주 하겠다는 접근으로 제안되었을 것이다. 매일 변경되는 일을 하느라 시간을 보내는 상황에서 연초에 수립한 목표를 수시로 평가하겠다는 것이 과연 가능할지 의문이다.

그래서 okr.best는 이런 상황을 시스템적으로 처리하도록 제안하고 있다. 기업은 어떤 방향으로 나아갈지 분명한 목표를 가져야만 한다. 이미 우리 저자들은 앞의 1장부터 3장까지는 목표의 중요성을, 4장에서는 목표 달성을 위한 핵심 결과를 어떻게 정렬해야 하는지 말했다. 문제는 목표에 집중하지 못하는 상황을 어떻게 타개할지 분명한 대안이 필요하다는 것이다.

okr.best는 업무를 시스템에 등록하는 순간, 어떤 목표 및 핵심 결과와 관련이 있는지 파악하게 해준다. 또한 회사 목표와 전혀 관련 없는 일을 등록하면 목표와 무관한 업무가 얼마나 되고, 어떤 자원을 투입하는지, 직원들은 이러한 일로 얼마나 힘들어하는지 경영진이 알 수 있도록 해준다. 이와 같은 비(非)목표, 비(非)핵심 결과의 비율이 높아지면, 회사의 방향을 다시 한번 정립할 필요가 있다. 그러고 난 후 아예 비목표를 목표화하여 회사의 사업 모델을 재구성하는 것도 나름대로 의미가 있다.

OKR.best는 진행 점검 템플릿을 사용하여 비목표 과업 때문에 목표 과업의 진행이 방해받는지 직관적으로 파악할 수 있게 해준다. 이 과정을 거쳐 비목표 과업의 중요도가 크다면 목표 과업으로 재구성할 수 있다.

사업의 성공은 연초 계획이 달성되었을 때보다 현장에서 그때그때 문제를 해결하고, 연초가 아니라 연중에 떠오른 아이디어를 실현할 때 현실화할 수 있다. 이를 위해 필자는 다음 세 가지를 제안한다.

첫째, 실험 정신과 성장 마인드가 필요하다. OKR은 기존의 것을 유

창을 닦고 있을 때, 세제를 갖다 주는 것이 지원이다. 이를 위해서는 수시로 평가를 하는 대신 직원이 무엇을 필요로 하는지 수시로 파악해야 한다.

지하고, 관리하는 것이 아니다. 더 나아지는 데 목적이 있다. 그러기 위해서는 다양한 시도를 해야 한다. '빠르게 시행하고, 실패하면 빠르게 전환하기'를 반복하여 결과적으로 더 신속하게 효과적인 방법을 찾도록 해야 한다.

둘째, 실패를 응원하는 문화를 가져야 한다. 실패를 받아들이지 않으면 도전을 할 수가 없다. 조직이 혁신적이길 바라면서 실패를 용납하지 않는 것은 앞뒤가 맞지 않는다. 마음껏 먹으라면서 나는 자장면이라고 하는 것과 같다. 노력없이 결과를 바라는 것은 욕심이다. 조직원들이 도전적인 목표를 세우고, 그것을 달성하기 위한 다양한 방법을 생각하고 시도하도록 실패해도 괜찮다는 심리적인 안전감을 제공해야 한다.

셋째, 평가 관점이 아닌 지원 관점으로 보아야 한다. 지금까지 무엇을 했는지에 초점을 맞추기보다는 앞으로 잘하기 위해 무엇을 할지 논의하는 문화를 창조해야 한다. 그러기 위해서는 업무 과정을 평가 수단으로 보는 대신 배움과 회고의 과정이 되도록 만들어야 한다. 특히 직원들을 위해 무엇을 지원했으며, 지원을 위한 어떤 노력을 했는지 경영진에게 묻고, 경영진은 이 물음에 기꺼이 답하는 문화를 조성해야 한다.

미노타우르스와의 전투에서 승리한 아테네의 영웅 테세우스가 귀환할 때 승선했던 배를 아테네 시민은 팔레론의 디미트리오스 시대까지 보존했다. 시간이 갈수록 배는 썩어 갔는데, 아테네인들은 배의 판자가 썩으면 새 판자로 계속 교체했다. 그러다 보니 언젠가부터는 원래의 배를 구성했던 판자는 하나도 남지 않게 되었다. 구성품으로만 본다면 테세우스의 배는 전혀 다른 배가 된 것이다. 그러나 판자가 바뀐 그 배를 우리는 계속 테세우스의 배로 본다. 애자일로 계속 바꿔 나가는 것도 같은 이치이다.

4 애자일로 정렬되는 핵심 과제와 결과

최고경영자의 목표가 현장에 있는 일선 담당자에게까지 정렬되고, 연초에 한번 수립한 목표를 달성하는 데 아무런 변화가 없다면, 당신은 지금 바로 이 책을 덮는 것이 좋다. 하지만 1년 동안 지켜보고 가이드하지 않으면 뒤죽박죽 되는 것을 너무나 많이 봐왔기 때문에, 어떤 해결책이 필요하다면 좀 더 읽어 볼 필요가 있겠다.

무릇 모든 일에는 순서가 있다. 소프트웨어를 예로 들어 보자.

소프트웨어란 세상에 있는 어떤 대상(Real World)을 컴퓨터화(Computerize)하는 것을 말한다. 이를 위해 소프트웨어를 개발할 때는 먼저 어떤 대상을 분석하고, 설계한 다음 코딩을 한다. 이렇게 개발한 후 테스트를 하여 설계한 것과 같으면 작업이 완료된다. 이 순서로 작업하는 것을 폭포수(Waterfall) 개발 방법이라 한다. 이 방법은 각 단계의 완벽한 수행을 전제로 한다. 분석과 설계를 맡은 담당자가 설계서를 코더(Coder)에게 전달하고 이민을 가도 문제가 없어야 한다.

그러나 정작 현실은 그렇지 않다. 테스트할 때 오류가 발견되면 앞단계인 코딩을, 코딩 단계에서 발견된 오류를 수정하려면 설계를 변경해야 한다. 그러고 나면 다시 변경한 설계에 따라 코딩하고, 테스트하는

지난한 과정이 반복된다.

모든 일은 순서대로 되지 않는다

소프트웨어공학에서는 이러한 폭포수 개발의 단점을 보완하기 위해 분석-설계-코딩-테스트를 계속 반복하는 나선형(Spiral) 모델, 즉 일단 만들어보고 고쳐 나가는 프로토타입(Prototype) 모델을 제안하고 있다. 최근에 소프트웨어 개발뿐 아니라 일반 업무의 방법론으로 각광받는 애자일(Agile) 역시 나선형과 프로토타입 모델을 해보자는 것이다. 애자일은 사전적으로 '날렵한', 민첩한', '기민한'이라는 뜻을 담고 있다. 개발 방법론에서는 개발 결과를 테스트하고 피드백을 받아 적용하는 과정을 짧은 주기로 반복하는 방식을 말한다.

그런데 이것은 시간이 지나면서 환경과 상황에 맞춰 빠르고 유연하게 일하는 방식으로 그 의미가 확장되었다. 즉, 조직을 애자일하게 운영

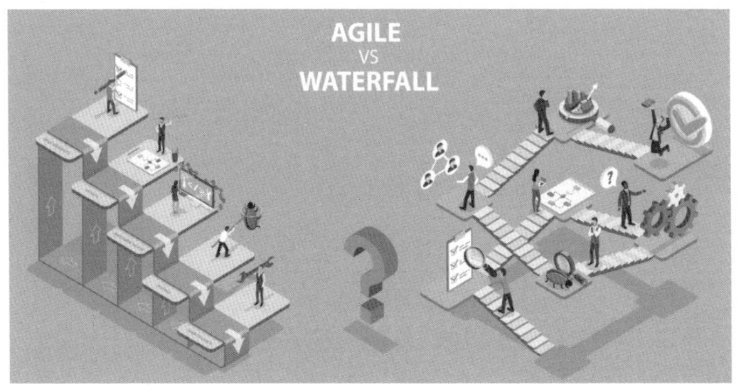

애자일은 워터폴을 몇 차례 반복하는 것과 같다.

한다는 것은 조직의 경계를 허물고, 기존의 피라미드형 직급 체계에서 벗어나 필요에 따라 협업하는 자율적인 팀을 조직하며, 팀 개개인에게 오너십을 부여하는 수평적 조직 구조를 설계한다는 것을 의미한다. 애자일 조직은 불필요한 의사결정 과정을 줄이고, 구체적인 계획보다는 바로 실행에 옮기며, 외부의 피드백을 계속적으로 반영해 최종 결과를 만드는 업무 방식을 추구한다. 당연히 목표는 계속 보정되고, 이에 따라 핵심 과제도 수정되며, 결과 역시 처음과 다르게 도출될 수밖에 없다.

최근 구글, 애플, 마이크로소프트 같은 글로벌 기업에서 애자일 방식을 채택해 긍정적인 성과를 내는 것으로 보도되고 있다. 국내 기업들도 애자일 업무 방식에 관심을 갖고 변화를 꾀하려는 움직임을 보이는 추세다. 전통적인 방법, 즉 폭포수 개발 방법 같은 단계별 기업 경영 방식은 팬데믹, 자연재해, 공급 불안, 무역 분쟁, 테러, 금융 충격, 경제 불안, 규제 불안 등 언제 발생할지 모를 위기에 매우 취약하다. 그러기 위해서는 매 단계의 구성이 온전해야 하는데, 앞 단계를 계획과 다르게 진행하다 보면 다음 단계 역시 계획과 다를 수밖에 없기 때문이다.

애자일은 순서를 파괴하라고 하지 않는다

이런 불확실한 환경에서 변화를 촉진하기 위해 필요한 경영 방법론이 바로 애자일이다. 연말이면 많은 기업에서 다음 해 사업 계획을 세우느라 야근하는 모습을 쉽게 찾아볼 수 있다. 이 과정에서 대부분의 기업은 연간 목표를 세우고, 목표를 달성하기 위한 전략 수립과 비용까지 측정해 이듬해 사업 계획을 세운다. 하지만 코로나 팬데믹이 장기간 지속되어 기업의 상황을 바꿔놓았듯 불가피한 경우가 종종 발생한다. 이런 경우, 설립한 사업 계획의 첫 삽도 못 뜨는 상황이 일어나곤 한다.

이런 문제에 대한 대안으로 각광을 받은 방법론이 바로 애자일이다. 애자일 방법론을 한 문장으로 정리하면 '짧은 주기의 반복적 실행을 통해 변화에 적극적으로 대응하는 것'이다. 앞서 언급한 것처럼 애자일은 소프트웨어 개발 방법론으로 처음 등장했지만, 이제는 개발을 넘어 일반적인 경영 전략으로 활용되며 하나의 트렌드가 되었다.

애자일 조직의 대표적 성공 사례로는 마이크로소프트를 꼽을 수가 있다. IT 시장 흐름이 PC에서 모바일로 빠르게 이동하던 2000년 후반, 마이크로소프트는 심각한 경영난을 겪었다. 유일한 흑자 부서인 오피스 사업부만 분사한다는 소문이 돌기 시작했고, 주가는 불안정해졌다. 이런 상황에서 2014년에 사티아 나델라가 CEO로 취임하자마자 바로 시행한 것이 바로 '조직문화를 바꾸는 것'이었다. 조직과 구성원이 추구해야 할 조직문화를 재정의한 것인데, 그는 '성장하는 사고(Growth Mindset)'와 태도를 강조하고, 전통적인 '위에서 아래로(Top down)'의 지시 구조를 축소해 상호 적극적인 소통과 피드백이 가능한 조직 구조를 만들었다.

그리고 사티아는 '하나의 마이크로소프트(One Microsoft) 정신'을 강조하며 기업의 성공은 손익부터 계산하는 것이 아니라, 개인의 질적 성장부터 시작해야 한다고 주장했다. 구성원 개인이 자신의 역할과 삶에서 성장한다면 하나의 조직으로서 기업도 성장한다고 강조한 것이다.

이렇게 해서 마이크로소프트는 사티아 나델라 부임 후 5년 만에 클라우드 통합 서비스 분야 시장 점유율 세계 1위로 도약했고, 현재는 애플과 미국 증시 시가총액 1, 2위 자리를 다투고 있다.

OKR로 경영할 때 빠지기 쉬운 함정은 연초에 목표를 수립하고 핵심 결과를 정의한 다음, 그것에 매몰되거나 신경을 쓰지 않는 것이다. 모든 일은 계획대로 잘 움직이지 않게 마련이다. 첫 단계가 계획대로 움직이지 않으면 다음 단계는 모두 무시하는 경우가 허다하다. 이때야말로 OKR이 애자일로 변신할 순간이다. 변화무쌍한 경영 환경에 대응하여 모든 구성원이 하나의 방향으로 가도록 OKR이 나침반 역할을 해야 한다. okr.best는 OKR을 애자일, 즉 '날렵한', 민첩한', '기민한' 목표 관리 기법이 되도록 해준다.

기업의 업무는 늘 긴급하다. okr.best는 중요한 일과 긴급한 일을 정렬해준다.

4장 정리

목표를 수립한 다음부터 OKR의 함정에 빠지기 시작한다. 최고경영자를 포함한 모든 구성원이 한 방향을 바라보도록 정렬해야 함정이 어디 있는지 알 수 있다. 아무리 노력해도 외부의 경영 환경 탓이라는 함정에 빠진다. 한 발이 함정에 들어가자마자 바로 뺄 수 있도록 해주는 것이 바로 애자일 방법이다. '날렵하고', '민첩하고', '기민하게' 목표를 수정하고, 이를 달성하게끔 핵심 결과를 정렬하도록 만들어 주기 때문이다.

5장

평가의 늪에서 빠져나온다

목표를 달성하기 위해 도입한 OKR을
평가의 도구로 전락시켜서는 안 된다.

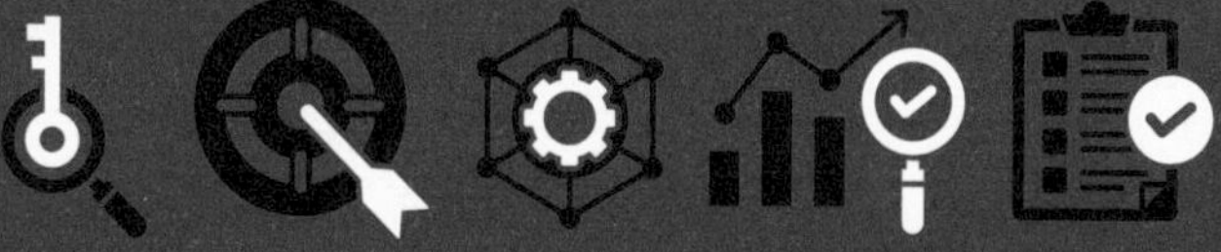

1 대화를 왜 3개월 단위로 하는가?

OKR을 널리 퍼뜨린 구글의 운영 방식은 다음 4가지로 요약할 수 있다.

1. 목표는 도전적이며 야심 차다.
2. 핵심 결과는 수치로 표시할 수 있도록 구체적이다.
3. 비밀이 아니다. 누구나 볼 수 있다.
4. 목표는 핵심 결과로 평가하지 않으며, 할 일 목록도 아니다.

OKR에서 목표는 달성률 60~70%가 적정하고, 계속 100%를 달성하고 있다면 야심을 좀 더 키울 때가 되었다고 생각한다. 도전적이고 야심 찬 목표와 핵심 결과는 당연히 달성이 어렵다. 그래서 OKR에서는 쉽게 100%를 달성하는 사람보다 60~70%에 도달한 사람이 다음 단계로 가기 위한 역량과 경험을 더 많이 쌓았으리라 여긴다. 동네 뒷산을 매일 오르는 것과 설악산 대청봉 등반을 비교해 보면 이해가 될 것이다.

점수가 낮다는 것은 야심 차게 시작했으나 생각보다 물적, 시간적 노력이 더 필요한 일이라는 사실을 알게 된 것이고, 그 일을 하며 배우게 된 소중한 기회라고 할 수 있다. 따라서 다음 OKR에서는 필요한 자원 등을 좀 더 세심하게 고려하여 수정하면 된다. 낮은 점수는 실패가 아니라 새로운 배움을 토대로 계속 앞으로 나아가게 하는 동력인 것이다. 이처럼 OKR은 목표 설정의 도구이자 목표 달성을 위해 효율적으로 소통하고, 실행 과정에서 동료 간, 조직 간 협업을 증진하는 통로인 것이다.

많은 지침서에서 OKR의 운영 주기를 3개월이라고 설명한다. 빠르게 변하는 환경 속에서 우선순위에 집중하려면 OKR의 기본 주기를 한 분기(3개월) 정도로 짧게 정해야 좋다는 것은 틀린 말이 아니다. 다만, 이는 평가 관점에서 보았을 때, 과거 1년에 1회 하던 관행을 가지고 있던 조직에 해당하는 조언일 뿐이다.

대화는 필요할 때 아무때나

OKR의 특징 중 하나를 꼽으라면 대화를 들 수 있다. 시중의 지침서에서는 관리자들에게 주 단위, 월 단위로 OKR의 진척 상황을 확인하라고 권한다. 목표가 있더라도 구성원이 이를 잊고 지내면 아무 소용이 없기 때문이다. 하지만 대화의 목적이 점검이라면 구글의 사례를 다시 살펴보고 곰곰이 생각해 볼 필요가 있다.

OKR의 원조 격인 구글에서 3개월 단위나 잦은 점검을 강조한 부분을 찾아내는 것은 쉽지 않다. 관점을 바꾸어서 구글은 피드백에 초점을 맞추고 있다. 잘한 일에 하는 잦은 인정과 칭찬은 점검과는 다르다. 점검은 비판적 시각으로 다가가는 것이지만, 구글은 무엇이 어떻게 잘되었는지 구체적으로 잡아주며, '어떻게 하면 상대가 다음번에 좀 더 큰

대화 주기를 3개월로 하라는 것은 1년에 한 번 하지 말고 좀 더 자주 하라는 의미다.

성과를 내도록 도와줄까?'로 귀결된다.

관리자가 바라보는 시각을 반대로 돌려 보자. 구글의 구성원들은 OKR의 진척 사항을 공유하고, 동료에게 조언도 구하며, 구체적인 지원도 요청한다. 이런 대화를 3개월에 한번 한다는 것은 말이 안 된다. 기업 현장에서 OKR과 같은 목표 관리 기법을 적용할 때 어려움을 겪는 것이 바로 이와 같은 소통이다.

일상 업무 수행 중에 대화가 있어야 한다

OKR을 한다며 대화를 시도하는 것은 모든 구성원들에게 부담으로 다가올 수 있다. 서로를 감시하는 느낌마저 들 수 있다. 물론 진정한 의미에서 서로 업무를 지원하며 목표를 달성하는 대화도 있을 수 있다. 이러한 공식적이며 틀에 박힌 대화 외에도 우리는 업무 중 많은 대화를 한다. "자, 지금부터 OKR 대화를 시작합니다" 하고 종을 치지 않아도 일상적으로 대화를 한다. 이를 프로세스로 만든 것이 바로 okr.best이다.

okr.best로 우리는 서로에게 할 일을 할당하고, 진행 상황을 업데이트할 수 있으며, 어떤 자신감으로 업무에 임하는지 알 수 있다. 또한 지연된 업무를 도와주고, 도움을 요청하여 업무를 마무리할 수도 있다. 이러한 과정에서 대화를 자연스럽게 기록하고, 유지할 수도 있다.

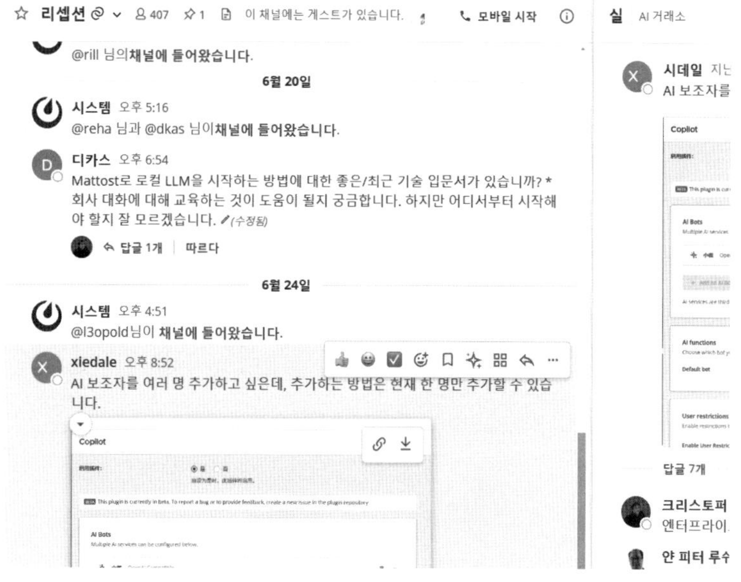

대화 없이 풀리는 문제는 없다. okr.best는 업무 수행 과정에서 대화를 자연스럽게 지원한다.

2 피드백 No, 조언 Yes

최근 '평가'의 폐해를 줄이면서 이를 대신할 방법으로 '피드백'을 강조하는 기업이 늘고 있다. 아예 평가를 없애고, 피드백으로 대체하려는 기업도 있다. 평가의 목적이 구성원의 역량 개발과 동기 부여를 통한 성과 창출인 것은 모두 다 안다. 그러나 기존의 논공행상 형태의 평가로는 목적 달성이 현실적으로 매우 어려울 뿐만 아니라, 그것이 오히려 구성원들의 동기를 떨어뜨린다는 지적을 숱하게 받아 왔다.

기존의 평가를 보완하거나 대체하는 방법으로 피드백 제도를 도입하려 한다면 분명히 알아야 할 것이 있다. 구성원들의 역량 개발 같이 구현하고 싶은 효과를 얻으려면 피드백을 평가와 다르게 사용해야 한다는 것이다. 평가를 없애는 대신 피드백을 강화하거나 새로 도입하겠다고 하면 구성원들은 '아, 이제 피드백 방식으로 직원들을 평가하는구나!' 하고 오해하기 쉽다.

하버드 경영대학원 박사과정에 있는 윤재원은 사람들이 피드백을 평가의 개념으로 인식하면, 개선 영역 및 개선 방법과 제안 등을 구체적으로 제공하는 데 있어 효과가 떨어진다는 실험 결과를 내놓은 바 있다. 본래 피드백은 상대방이 무엇을 잘했고, 무엇을 개선해야 하며, 장점을

피드백은 잘잘못을 따지는 것이 아니라, 앞으로 목표를 함께 달성하자는 구체적인 조언이 되어야 한다.

어떻게 발전시키고, 단점을 어떻게 개선해야 하는지 구체적으로 의견을 전달하는 행위를 말한다. 그런데 '피드백하라'는 말은 그런 행위를 오히려 소극적으로 만들고, 상대방을 평가만 하려 한다고 윤재원은 지적했다. 그리고 피드백이 효과를 제대로 발휘하려면 피드백이라는 말을 쓰기보다는 '상대방에게 조언(advise)하라'는 말을 사용해야 한다고 말했다.

그렇다면 그는 어떻게 이런 결론에 도달했을까? 윤재원은 200명의 실험 참가자들에게 교사직을 희망하는 지원자가 쓴 가상의 지원서를 읽고서 지원서 내용을 '피드백해 달라' 혹은 '조언해 달라'고 요청했다. 그랬더니 피드백을 요청받은 그룹보다 조언을 요청받은 그룹이 가상의 지원자에게 부족한 부분을 구체적으로 지적하고, 개선 방법을 더 많이 제안하는 경향을 보였다.

예를 들어, 피드백 요청 그룹은 "이 사람은 지원 조건을 아주 충족하고 있다. 아이들과 함께한 경험이 있고, 가르치는 스킬을 적절하게 갖추었다"라는 식으로 두루뭉술한 코멘트를 쓴 반면, 조언 요청 그룹은 지

꼰대는 피드백이라는 이름으로 지적질을 한다.

원서에서 무엇이 부족한지, 어떻게 지원서를 보완할지 상세하게 코멘트하는 경향이 상대적으로 강하게 나타났다. 통계적으로 조언 요청 그룹은 피드백 요청 그룹보다 '개선 영역'을 34% 더 많이 코멘트하고, '개선 방법'을 56% 더 많이 제안했다.

직장인들을 대상으로 한 실험에서도 이와 동일한 결과가 나왔다. 윤재원은 194명의 정규직 직원들에게 동료의 최근 업무 성과를 '피드백' 혹은 '조언'해 달라고 부탁했다. 실험 결과, 피드백을 요청받은 직원들은 구체적이지 못하고 실천할 수 없는 코멘트를 많이 제시했다. 이를테면 "업무에 불평 한마디 없이 아주 좋은 성과를 냈다'라는 식이었다. 이런 피드백을 받으면 기분은 좋겠지만, 앞으로 무엇을 어떻게 잘해야 하는지에 관해서는 아무런 도움이 되지 않는다.

그렇다면 '피드백해 달라'는 말과 '조언해 달라'는 말이 이렇게 다른 까닭은 무엇 때문일까? 피드백하라는 말을 들으면 사람들이 대부분 상대방의 과거 상황과 과거 성과를 떠올리기 때문이다. 이는 곧 피드백을 상대방의 성과를 심사(judge)하는 행위로 인식한다는, 즉 평가와 동일한 관점으로 해석할 수 있음을 뜻한다.

OKR에서는 목표를 달성하기 위한 대화 방법으로 피드백을 말하는데, 실제로는 평가를 하는 것과 결코 다르지 않다. 구글이 판정하지 말라고 조언한 것처럼, 피드백도 미래지향적이어야 한다. 반면에 조언해 달라는 말을 들으면 나도 모르게 '상대방이 앞으로 이렇게 하면 좋겠다'라는 식으로 말할 준비를 한다. 판정하여 평가하기보다는 '기회'를 더 알려줘야겠다는 마음이 들도록 일종의 '넛지'가 일어나는 것이다.

이렇게 피드백을 하기보다 조언하는 게 낫다고 해서 평가를 대체하는 공식적인 제도로 피드백이라는 말을 쓰지 말자는 것이 아니다. 피드백이라는 말을 쓰되, 그것이 과거의 성과를 평가하거나 심사하는 것이 아님을 구성원들에게 잘 인식시키면 된다. 단순히 "직원들의 성과를 피드백하라"고 말하는 대신 "직원들의 개선점과 발전 가능성을 피드백하라"고 말하면 "직원에게 조언하라"고 말할 때와 동일한 효과를 얻기 때문이다. 이는 윤재원이 실시한 후속 실험에서 나온 결과인데, 가상의 지원자가 쓴 지원서를 이번에는 개선점에 초점을 맞춰 피드백해 달라고 요청하자 조언을 요청할 때와 거의 동일한 효과가 나왔다고 한다.

피드백은 과거를 평가하는 대신 미래를 조언해야 효과적이다

인퓨처컨설팅의 유정식 컨설턴트는 피드백을 중심으로 기존의 평가 제도를 대체하라고 조언했다. 유 컨설턴트는 "어떤 사람이 피드백이란 말을 들으면 부정적인 뜻이 연상됩니다"라며 대부분의 사람이 피드백을 상대방의 잘못을 지적하는 것으로 느낀다고 주장했다. 그리고 누군가가 자신에게 피드백할 것이 있다면 내용과 상관없이 일단 기분부터 나빠한다고 말했다. 또한 평가를 피드백으로 대체한다고 해서 모든 문제가 해결되는 것은 아니라고 강조하기도 했다.

피드백은 절대 만능이 아닐뿐더러 어떨 때는 오히려 직원들의 동기를 꺾어 놓기도 한다. 그렇기에 직원들에게 성과를 피드백하라고 강조할 때는 구체적으로 누구에게, 언제, 무엇을, 어떻게 피드백해야 하는지 가이드하는 것이 매우 중요하다. 그리고 피드백은 과거를 심사하는 것이 아니라, 미래지향적인 조언이어야 한다는 사실도 늘 염두에 두어야 한다.

피드백에 평가를 빼고 조언을 넣으라는 지침이 어렵다면 변화만 알려주면 된다는 아주대학교 심리학과 교수의 조언은 실천 가능한 해법일 수 있다. 다음은 〈매일경제신문〉에 게재된 그의 칼럼이다.

> 어린 시절 오락실에서 게임을 하다가 일어난 일이다. 1970년대 말 오락실을 출입해본 분들이 친숙한 게임 중에 '스페이스 인베이더'가 있다. 언제나 학교

가 끝나면 집에 있는 동전을 모조리 긁어모아 그 게임에 열중했던 기억이 지금도 생생하다. 그러던 어느 날에도 '스페이스 인베이더'를 즐기고자 자리를 잡고 시작했는데 30초도 하지 못하고 오락실 주인 아저씨를 불렀다. 게임의 의미를 순식간에 잃었기 때문이다. 왜냐하면 스코어가 안 나오는 것이었다. 지금 생각해보면 아마도 기계 버그였던 것 같다.

그런데 왜 스코어가 나오지 않는데 게임을 하기 싫었을까? 사실 인간이 하는 행동 중에 그 자체로 재미있는 것은 거의 없기 때문이다. 하지만 그 행동을 계속하게 하는 힘 중 하나가 바로 자신이 한 행동의 결과가 매번 쌓이고 변화량만큼 스코어에 반영되는 과정이 존재한다는 점이다.

이를 인지심리학자는 '피드백'이라고 부른다. '어떤 행위의 결과가 최초 목적에 부합하는지 확인하고 그 정보를 행위의 원천이 되는 것으로 돌려보내 적절한 상태가 되도록 수정하는 일', 이것이 바로 피드백의 사전적 의미다. 그리고 어떤 행동에 피드백이 계속 주어지면 우리는 그것을 게임이라고 하며, 그것이 없으면 그저 지루한 노동에 불과하다.

또 피드백이 멈추는 순간 인간이 얼마나 행동을 쉽게 중단하는지에 심리학자들은 주목해 왔다. 재키 실버먼 델라웨어대 심리학자와 알릭산드라 바라시 콜로라도대 지도교수는 이를 잘 보여주는 연구를 발표한 적이 있다. 연구진은 사람들에게 근력운동처럼 지속적으로 해야 하는 행동을 하게 했다. 그리고 이들에게 자신의 운동이 얼마나 연속적으로, 즉 매일 이뤄지고 있는지를 스마트폰 앱을 통해 표시해줬다.

그런데 어느 날 사람들 절반의 스마트폰 화면에 시스템 에러라고 해서 X 표시가 나왔다. 절반에 가까운 사람들이 운동을 멈췄고, 더욱 놀라운 사실은 이러한 매일매일의 기록이 부재한 상황에서도 주간 기록은 지속되고 있으며, 이를 알려주는 정보가 알림창을 통해 제시되자 사람들은 다시 운동을 시작했다는 것이다. 이렇게 자신의 행동이 연속적이라는 것을 알려주는 정보인 피드백이 어떤 형태로든 존재한다면 사람들은 다시 동기 부여가 된다. 그만큼 피드백의

힘은 강력하다.

더 놀라운 결과도 나왔다. 그 끊긴 정보를 다시 보기 위해 사람들은 상당한 비용도 기꺼이 치렀다는 것이다. 예를 들면 꽤 긴 시간 광고를 봐야 한다거나 상당한 길이의 설문에 응답해야 한다는 것을 마다하지 않고 중단된 정보를 얻고 싶어했다는 것이다. 즉, 실제의 보상이나 이익이 없음에도 어떤 형태로든 피드백이 존재한다면 그것은 그 자체로 가치가 있음을 의미한다.

지혜로운 리더라면 평가와 피드백을 구분해 조직 구성원에게 제시해줄 수 있는 현실적 아이디어를 한번 고민해 보아야 한다. 일이 재미있는 직장을 만드는 것은 불가능하지만, 일을 게임처럼 할 수 있는 직장은 얼마든지 설계해 나갈 수 있기 때문이다.

3 칭찬으로 시작되는 인정

피드백은 상대방의 약점에 집중할 때 부정적 효과를 나타내기 쉽다. 약점을 보완하는 데 초점을 맞추면 물론 실패 가능성이 낮아질 수는 있다. 하지만 반대로 강점에 보다 집중하면 성공 가능성을 더욱 높일 수가 있다. OKR은 궁극적으로 성공 가능성을 높이는 도전적인 성과 관리 방법이다. 그렇기 때문에 OKR의 성공 가능성을 높이기 위해서는 '인정'으로 강점을 강화해 반복적으로 긍정적인 행동을 이끌어 내는 것이 중요하다.

인정이 쌓이면 회사 차원의 인정 자본이 쌓이게 된다. 전사적(全社的)인 인정 자본은 구성원들에게 내적 동기를 제공할 뿐만 아니라, 긍정적인 인간관계를 형성하여 자율적 행동 문화를 조성한다. 따라서 OKR을 운영할 때에는 부정적인 피드백보다는 구체적인 성과를 인정하고, 또 다른 도전을 시작하는 문화를 구축하는 것이 좋다고 강조할 필요가 있다. OKR에서 '인정'은 사전적 의미의 인정과 인식은 물론, 칭찬이라는 의미가 담겨 있다.

인정은 칭찬에서 시작된다

칭찬은 의외로 쉽지 않다. 특히 우리 문화가 칭찬에 인색하다 보니 직장 내에서의 칭찬은 더더욱 찾아보기 힘든 것이 현실이다. 칭찬은 잘못하면 안 한 것보다 못한 결과를 불러오기 쉽다. 겉핥기식 인정은 인정을 하지 않은 것보다 더 나쁜 영향을 미친다. 그렇기에 칭찬은 좀 더 세밀하게 해야 한다.

이랜드넥스트의 장영학 대표는 다음과 같이 칭찬을 정리하였다.

> 2019년 미국 샌프란시스코에서 열린 조직문화 컨퍼런스인 컬처 서밋(Culture Summit)에 참가했습니다. 조직문화에 관심이 많은 사람으로서, 이미 책에서 많이 접한 좋은 조직문화가 무엇인지(what)보다는 조직문화를 그렇게 변화시키는 방법(how)이 궁금했기 때문입니다. 비전, 미션, 핵심 가치를 정의하고, 구성원들에게 체화하는 노하우라든지, 평가와 보상 제도에 조직문화를 반영하는 방법이라든지, 내심 뭔가 거창한 방법론을 배우길 기대했던 것 같습니다. 그런데 한 연사가 "조직문화를 변화시키는 가장 쉬운 방법은 바로 원하는 행동이 보일 때마다 칭찬하는 것"이라고 이야기했을 때, 저는 뒤통수를 한 대 맞은 것 같았습니다. 조직문화를 변화시킨다는 것은 결국 조직에서 원하는 행동을 구성원들이 더 자주 하도록 만든다는 뜻입니다. 그래서 조직문화를 변화시키고 싶은 조직에서는 칭찬이 유용한 무기가 됩니다.
>
> 그렇다고 무조건 '잘했다', '수고했다'라는 칭찬만으론 구성원의 몰입도를 올리기도 어렵고, 조직문화도 바뀌지 않습니다.

그렇다면 어떻게 칭찬을 해야 할까? 다음과 같이 효과적인 칭찬을 위한 몇 가지 원칙이 있다. 칭찬을 아무 생각 없이 해서는 안 된다는 역설로 읽으면 좋을 것이다.

1. 구체적인 행동을 칭찬한다.

칭찬은 일의 결과보다 행동에 주안점을 두는 것이 좋다. 예를 들어, "이번에 매출 100억 원 달성을 축하해요"보다는 그런 결과를 내기 위해 어떤 행동을 했는지 칭찬해야 한다.

2. 행동이 조직에 어떤 영향을 미쳤는지 공유한다.

업무 과정이 핵심 가치와 맞닿아 있는 것도 중요하지만, 업무 결과까지 조직에 긍정적인 영향을 미친다면 금상첨화다. 동기 부여의 가장 중요한 요소 중 하나가 자신의 업무가 누구에게 어떤 영향을 미치는지 직접 확인하는 것이다. 단순히 "부탁한 일을 해줘서 고마워요"가 아니라 당신이 한 일 때문에 고객과 한 중요한 약속을 지킬 수 있었다는 사실을 알면 더 큰 보람을 가지게 된다.

3. 조직의 핵심 가치와 연계해서 칭찬한다.

사람마다 칭찬 기준이 다르면 혼란스럽다. 언제는 칭찬이지만, 비슷한 상황인데도 질책이 섞여 있다면 무엇이 칭찬인지 알기 힘들다. 따라서 "당신이 이번에 A팀 제인의 업무를 도와준 것은 '팀을 넘어 협력한다'는 핵심 가치의 모범을 보여주었습니다"와 같이 조직의 핵심 가치와

인정은 칭찬에서 시작하고, 일상에서 나와야 한다.

연계해서 칭찬할 필요가 있다. 그래야 소속감도 높아지고, 다른 구성원들도 조직이 무엇을 중시하는지 알게 모르게 힌트를 얻을 수 있다.

4. 공개적으로 칭찬한다.

피드백은 1:1로 하는 것이 좋다. 하지만 칭찬은 되도록이면 공개적으로 해야 동기 부여에 도움이 된다. 언제든 질책은 조용하게, 칭찬은 떠들썩하게 하는 것이 효과적이다. 특히 OKR은 도전적인 목표를 강조하기에 칭찬을 통한 동기 부여를 적절히 활용해야 구성원들의 피로감을 줄일 수 있다.

장영학 대표는 우리나라 문화 특성상 서로 칭찬하는 분위기를 만드는 데 있어 다음과 같이 걸림돌이 몇 가지 있다고 말했다.

첫째, 우리나라 사람은 아직 칭찬을 어색해한다. '고맙긴 한데, 그걸 굳이 표현해야 하나?' 하며 망설이기도 하고, 심지어 자꾸 칭찬해주면 버릇이 나빠진다는 인식도 있는 것 같다. 대표적으로 "배려가 지속되면 권리인 줄 안다"는 말도 이런 측면에서 나온 것이다.

둘째, 누구는 칭찬하고 누구는 안 하면 팀 분위기가 이상해질 수 있다고 생각한다. 리더가 특정 팀원을 편애한다고 느낄 수 있고, 겉으로 드러나지 않는 일을 하는 사람들이 피해의식을 가질 수도 있다는 생각 때문이다.

셋째, 칭찬도 하나의 역량이라는 걸 모른다. 이에 대해 '칭찬은 언제든지 할 수 있는 쉬운 것이지만, 서로 칭찬하는 분위기가 아니라서 안 하고 있을 뿐이다'라고 생각하는 사람이 많다고 장 대표는 꼬집었다. 칭찬을 더 잘하려면 연습을 하는 것이 중요하다.

칭찬도 분명 우리가 키워야 할 역량이다. 칭찬을 잘하려면 상대의 행동을 관찰해서 잘하는 포인트를 구체적인 표현으로 짚어줘야 한다. 하지만 상대방이 듣고 '아, 내가 앞으로 이렇게 하면 더 칭찬을 받을 수 있겠구나!' 하고 느낄 수 있도록 좋은 칭찬을 하려면 연습이 필요하다. 칭찬 역량이 있어야 칭찬하는 분위기를 만들 수 있는데, 분위기 때문에 칭찬을 안 하는 거라고 생각한다면 변화를 이끌어 낼 수 없다.

지금까지 대화와 피드백, 그리고 인정, 즉 CFR에 대해 알아 보았다.

성과 관리는 리더와 팀원의 지속적인 대화를 통해 이루어진다. OKR에서 CFR은 해도 되고, 안 해도 되는 것이 아니다. OKR에서 CFR은 본질에 가깝다. "OKR을 도입했는데 회사에 별 변화가 없다, 몇 개월 진행하다 포기했다"라고 말하는 회사는 모두 CFR을 지속하지 않은 곳이다.

4 수시 평가 No, 기민한 지원 Yes

HCG 채덕성 상무는 요즘 시대에 위에서 지시하고 아래에서 실행하는 체제로 과연 생존과 성장이 가능한지 물었다. 물론 산업에 따라 다소 다르기는 하지만, 최근 급격한 환경 변화는 연 단위의 목표 설정을 무력하게 하고, 빠른 목표 수정과 민첩한 대응을 요구하고 있다. 게다가 미래의 주축인 MZ세대는 자신의 기여에 대한 인정을 요구하고 있다. 그래서 채 상무는 기민한 목표, 유연한 사고, 주도적 실행, 소통과 협업, 인정과 격려, 지속적 성장 등이 중요한 시대가 되어 선도 기업을 중심으로 기민한 성과 관리가 필요하다고 주장했다.

코로나19가 아니더라도 환경과 기술, 세대의 급격한 변화에 따라 일하는 방식과 그에 따른 성과 관리 방식의 변화는 이미 예정된 것이었다. 따라서 이런 상황에서는 기민한 성과 관리도 시행 '시점'과 '대상'만 다를 뿐, 불가피한 변화로 이해하는 것이 바람직하다.

수시 평가, 과연 기민한 성과 관리를 위함인가?

많은 기업들이 기존 평가 방법의 부정적 효과를 극복하기 위해 제도

기민한 지원은 애자일과 서로 통한다.

개선을 고민 중이다. 그중 하나가 1년에 1회 하는 평가를 좀 더 자주 하자는 수시 평가 도입이다. 전통적인 평가 방법, 즉 연초에 목표를 수립하고 연말에 평가하는 방법으로는 평가가 제대로 되지 않으니 그 대안으로 '평가를 자주 해보자'는 방법을 도입하자는 것이다.

이와 같은 기민한 성과 관리는 기존의 전통적 평가를 '대체'하려고 새로 발명한 것이 아니라, 기존 평가 제도의 단점을 보완하기 위해 마련한 것이다. 그런데 1년에 한 번 하는 평가도 잘 못하는 기업이 수시로 아무때나 평가를 한다면 어떻게 될까? 더욱 잘할지 아니면 더욱 못할지 자문해 볼 일이다.

수시 평가를 하기 위해서는 연중 수시로 유연한 목표 연계, 연중 지속적 성과 리뷰라는 과정이 이루어져야 한다. 거듭 물어본다. 1년에 한 번 하는 것도 힘들어 하는데 연중 수시로 할 수 있을까? 이런 관점에서 채덕성 상무는 다시 시대정신을 생각해 보자고 권한다. 전통적 평가는 'X 인간관'에 기초한 제도일 수 있다. 그래서 평가의 오류를 다양한 제도, 절차, 장치로 교정하고자 했다.

이런 생각의 연장선에서 인사는 평가가 가장 중요하다고 생각하는 경영자가 많다. 평가를 왜 하느냐고 물으면 등급을 도출해서 그것으로 보상과 승진 같은 제반 인사를 결정하기 때문이라고 대답한다. 평가에 대한 직원들의 경험이 공정성에 대한 인식을 좌우하고, 결국 누가 우수한 평가를 받고 탁월한 보상을 받느냐가 조직의 성공과 문화를 이끈다고 생각한다.

애자일은 수시 지원으로 완성된다

'X 인간관'에 근거하여 우수한 인재를 찾아내기 위한 방편으로 하는 평가는 기민한 성과 관리와는 다르다. 성과 관리는 잘잘못을 따지려는 게 아니라, 목표를 달성하려고 한다는 시각이 중요하다. 성과 관리는 'X 인간관'과 달리 신뢰와 존중의 'Y 인간관'에 기초한 제도에서 출발한다.

성과 관리의 중요 키워드는 평가가 아니라 지원이다. 성과 창출, 즉 목표를 달성하기 위해 어떤 지원을 해주어야 하는지 살펴보는 것이 중요하다. 수시로 평가하는 것이 아니라, 수시로 지원하는 것이 필요하다. 업종을 불문하고 유행처럼 도입하고 있는 애자일 업무 방식은 유연성을 강조하는데, 유연성은 '수시'라는 키워드로 연결된다. 이때 수시로 지적질하는 평가가 아니라, 수시로 지원하는 기민함이 애자일의 본질이며, OKR을 성공으로 이끄는 열쇠가 된다.

5 상대 평가 말고 절대 평가?

우리나라에서 평가에 대해 가장 많이 고민하는 분야를 꼽으라면 대학 입시를 빼놓을 수 없다. 대학 입시는 근대 교육을 시작한 이래 대학 입학 자격을 주는 가장 중요한 평가이다. 그동안 절대 평가, 상대 평가, 등급평가처럼 기업이 고민하는 평가 방법을 한번씩 적용해보았을 정도이다. 절대 평가의 폐해를 막고자 상대 평가를, 상대 평가의 폐해를 막고자 등급평가를 도입했고, 원점수, 표준 점수, 백분위 등 가능한 방법을 모두 동원하고 있다.

그렇다면 정작 대학 입시 평가의 본질은 무엇일까? 바로 줄 세우기다. 100명 정원인 학과에 지원한 수험생 중 100등까지 줄을 세운다. 101등은 탈락이다. 이런 구조 아래에서는 어떤 평가 방법을 적용한들 줄 세우기라는 본질이 바뀌지 않는다.

1997년 IMF 시대를 거치고 난 후 GE 잭 웰치의 상대 평가는 우리나라 기업의 보편적 평가 방법이 되었다. 하지만 줄을 세우는 상대 평가의 폐해는 한두 개가 아니다. 이런 폐해를 막고자 절대 평가를 다시 시행하는 기업이 늘고 있는데, 줄 세우기라는 본질은 그대로라 한쪽을 막으면 다른 한쪽이 터지는 풍선효과가 이어지고 있다.

순위를 매기기 힘든 팀장에게 절대 평가를 시켜도 줄 세우기라는 본질은 해소되지 않고 있다.

모든 평가 방법은 부작용이 있다

절대 평가는 중심화와 관대화 경향이라는 문제가 있다. 이를 보완하기 위해 편차 조정을 하지만, 동일 점수라는 문제는 해결되지 않는다. 심지어 이런 사례도 있다. 부서 내에서 절대 평가라는 예선을 거쳐 전사적인 절대 평가를 하는 본선을 통해 승진자를 선별하는 제도를 운영하는 P회사의 사례다.

A팀장은 평화주의자다. 평가로 인한 분란을 원하지 않는다. 모든 팀원에게 100점 만점에 90점 정도를 준다. 평가는 쉽고, 팀장과 팀원은 서로 만족한다. 반면에 B팀장은 승진시킬 팀원에게는 99점을 주고, 어차피 승진이 안 될 팀원에게는 30점 정도를 준다. B팀은 평가 시기가 되면 시끄럽다. 그런데 본선에서 반전이 생긴다. A팀에서 예선전에 받

은 90점은 편차 조정을 하여 전사 평균점인 70점으로 바뀌고, B팀의 승진 대상자는 95점이 된다. 금년의 승진 커트라인은 85점으로 A팀은 승진에서 전원 탈락했고, B팀의 절대 평가 1위는 본선에서도 최상위권이 되어 승진하였다.

이런 구조에서 SKT의 비등급 평가 모형은 많은 기업이 벤치마킹할 만하다. SKT는 2014년까지 최종 순위가 나오는 기반 위에서 평가를 설계하고 운영하였다. 앞서 언급한 줄 세우기 평가와 같다. 그 후 SKT는 전통적인 평가의 부작용을 보완하고자 2015년에 증거 중심의 주기적 성과 관리에 이어 2016년에는 조직 단위에서 평가와 보상 방식의 기준을 셀프 설계(Self-Design)하도록 했다. 이런 개선은 성과의 변별력을 높이고 절차적 공정성 확보에는 기여했으나, 순위 경쟁의 부작용은 여전히 해소하지 못했다. 이에 SKT는 결국 순위 경쟁을 완화하기로 한다. 상대 평가에서 절대 평가로 전환했는데, 등급이 존재하면 의미가 없다고 판단하고 '등급 없는 절대 평가'를 설계한 것이다.

이쯤에서 성과 관리가 무엇인지 다시 한번 생각해 보자. 성과 관리는 개인과 조직의 성과 창출을 위해 일하는 방식을 규정하는 체계이다. SKT는 상대 평가, 즉 내부의 순위 경쟁보다 개인과 조직 간 협업을 정착시키고, 성과를 내는 생태계 조성을 위해 등급 없는 평가 체계를 도입했다. 그리고 등급은 없지만 성과 창출 과정에서 각종 데이터를 축적하고, 이를 다양한 관점에서 해석한 후, 보상과 승진으로 핵심 인재가 키워지길 기대했다. 등급이라는 일정한 단계가 없으므로 조직별로 셀프 설계한 기준을 조직장과 합의 후 결정하여 추진토록 했다. 특히 이런 합

OKR이 유행하기 전 SKT는 OKR과 유사한 평가 방안을 마련하였다.

의 과정을 구성원이 공감하고 리더의 역할을 높이기 위해 필수 과정으로 만들었다. 급속히 다각화하는 사업 구조, 인력의 다양화 같은 환경 변화에 유연하게 대응하도록 한 것이다. 여기까지만 보면 피터 드러커가 말한 MBO의 기본으로 돌아가는 듯하다.

SKT는 평가 결과에 따른 보상을 '조직 공통 보상+추가 기여 보상'으로 이원화하여 협업과 개인적 성과를 구분하고, 그 결정권을 조직장에게 주어 보상 권한을 대폭 확대했다. 또한 그 과정에서 태스크 단위의 개별화된 상시 관리, 프리뷰, 동료 간 코멘트 등은 물론 리더가 피드백을 하고, 태스크가 끝나면 리뷰와 달성도 평가를 진행하는 방식도 채택했다. 이러한 태스크는 개인별로 1년에 평균 5개 정도였다. 연말 평가 세션(T-Session)은 태스크 수행 과정에서 축적한 다양한 성과 정보를 종합적으로 절대 평가하도록 했다. 이러한 설계와 진행에도 불구하고 절대 평가에 관대한 평가가 끼어들었다. 성과도 중요하지만, 고생한 부분을 외면하지 못하는 온정화 경향은 쉽게 극복되지 않았다. 그럼에도 불구하고 SKT의 성과 평가 제도는 기업이 가진 거의 모든 고민이 들어간 제도라고 할 수 있다.

미국 기업의 상대 평가는 1990년대부터 2000년대 후반까지 유행했으나, 2010년대 들어 점차 감소 추세에 있다. 어도비는 2012년 상대 평가를 폐지하고 '체크인(Check-in)'이라는 평가 방식을 도입했고, 마이크로소프트는 2013년, GE는 2015년에 상대 평가를 폐지했다. 특히 어도비는 1년 단위의 상대 평가를 폐지하면서 지속적이며 실시간으로 피드백을 하는 데 초점을 두어 최소 분기 1회 이상의 체크인, 즉 피드백 미팅을 하도록 했고, 기대 수준 및 상호 의견 교환과 성장에 대한 논의를 하도록 했다. 이런 제도 변경으로 지인에 대한 입사 추천이 10% 증가했고, 자발적 이직률이 30% 감소하게 되었다.
포스코경영연구원 조성일 수석은 한국의 상대 평가 비중은 67% 수준으로 미국에 비해 높다고 언급한 뒤 LG전자와 네이버가 2011년, 두산이 2013년에 상대 평가 방식을 폐지하면서 상호 피드백, 개인 역량 등의 관점으로 평가 방법을 바꾸는 기업이 늘었다며 이러한 추세가 지속될 것이라고 전망했다.

6 1차, 2차, n차 평가

평가는 승진과 보상 근거로 사용되기 때문에 공정성을 상실하면 제일 먼저 우수한 인재가 조직을 떠난다. 이런 경우를 대비해 '우리 회사의 평가는 과연 객관적인 잣대로 공정하게 이루어지는가?'라는 질문을 던지고, 답할 필요가 있다.

평가는 기본적으로 어려운 일이다. 특히 평가자와 피평가자 간의 관계를 어렵게 만든다. 그래서 관대화 경향, 중심화 경향이 많이 나타난다. 관대화 경향은 편차 조정 또는 보정 변수를 써서 정상분포로 만들어 보완하기도 한다. 하지만 평균점으로 수렴하는 중심화 경향은 보완 방법이 마땅치 않다. 중심화를 막기 위해 상대 평가를 도입하지만, 앞서 언급한 것처럼 어떤 특정 방법으로도 모든 문제를 해소할 수는 없다. 이밖에도 가혹화 경향이 나타나거나 최근 기억에 따라 평가를 하는 오류도 존재한다.

이를 해결하기 위해서는 공정한 평가가 되도록 평가 교육을 하는 등의 노력이 필요하다. 그래서 많은 기업들이 공정한 평가를 담보하기 위해 다차(多次) 평가 제도를 운영하고 있다. 즉, 팀장이 1차 평가를 하고, 본부장이 2차 평가, 대표이사가 3차 평가를 하는 것이다.

이런 2~3차 조정 라운드(Adjustment Round)를 공정 평가의 방법으로 제시하는데, 백진기 한독 HR 부문 부사장의 설명을 참조해 보자.

한독은 3차에 걸쳐 조정 라운드를 하고 있다. 1라운드는 팀장이 평가 결과를 실장이나 본부장에게 보고하고, 2차 고과자인 실장이나 본부장이 각 팀의 평가 전체를 보고 난 후, 팀장과 상의하여 조정한다. 2라운드는 2차 고과자(실장 or 본부장)까지의 결과를 인사팀에서 취합한다. 그리고 전체 부문과 부서의 평가 결과(절대 평가+상대 평가)를 놓고 편중된 부분은 물론, 자기 평가와 1~2차 고과자 평가 사이에 차이가 큰 사원 등을 찾아내 인사팀 의견을 반영한 후, 다시 2차 고과자에게 조정하라고 보낸다. 인사팀은 2차 고과자가 재조정한 결과를 보내오면 이를 취합해 3라운드로 넘긴다. 그러고 나면 3라운드에서 경영진, 인사팀, 해당 부문장이 협의를 거쳐 평가를 확정한다.

평가가 인사 시스템에 공개되고 각 개인에게 통보되면, 평가 결과에 불만을 가진 직원이 있게 마련이다. 한독은 이에 대해 2주간의 공식적인 이의 제기 기간을 갖고 있다. 그것도 1~2차 평가자를 배제하고, 불만을 가진 직원이 인사팀에 직접 이의를 제기하는 프로세스다. 평가에 불만이 있는 이유는 대체로 2가지다. 자기 평가에 믿음이 큰 직원이거나 평가자의 오류일 수 있다.

전자는 대부분 자기 평가가 후하기 때문에 발생한다. 몇 년 전 에버랜드의 자체 조사에 따르면, 자가 평가 결과 직원의 85%가 나는 업무를

팀원은 팀장이, 팀장은 본부장이 평가하는 미국식과 팀원을 팀장, 본부장, 사장이 함께 평가하는 한국식 중 OKR의 선택은?

잘한다고 판단한 것으로 나타났다. 한독도 마찬가지다. 이처럼 직원 대부분이 자기 자신에게 후하다는 사실을 평가자는 인지해야 한다. 평가자가 그때그때 바로바로 부정이든 긍정이든 피드백을 주고, 그것을 기록하면 전자의 경우는 어느 정도 해결된다. 후자의 경우에는 먼저 인사팀이 객관적인 데이터를 찾고, 해당 부서장과 본부장과 이해관계자가 면담한 후, 거기서 얻은 결론으로 이의를 제기한 직원에게 설명해 주는 프로세스가 있다. 이때 직원의 주장과 객관적 데이터가 일치할 경우, 경영진에 보고 후 최종 평가를 바꿔주면 된다.

하지만 2005년부터 2010년까지 필자가 현대오토에버에서 경험한 평가는 한독과 결이 달랐다. 당시 현대오토에버 K대표는 IBM 출신으로 미국식 평가 제도를 설계해 운영하였다. 미국식 평가는 한마디로 하

1차, 2차, 3차 평가로 올라가면서 결과를 조정하는 것은 OKR에 부합하지 않는다.

면 '보스에 의한 평가'로 요약할 수 있다. 즉, 팀원의 보스는 팀장이며, 팀원의 평가는 보스인 팀장이 전적으로 한다. 팀장의 보스는 본부장이고, 본부장의 보스는 대표이사다.

이처럼 보스에 의한 평가는 1차 평가로 끝난다. 물론 한독과 마찬가지로 평가에 대한 이의 제기는 가능하다. 팀원이 보스인 팀장의 평가에 이의가 있을 때에는 팀장의 보스인 본부장이 다시 한번 심사할 수는 있다. 하지만 이의 제기에도 불구하고 불공정한 증거가 뚜렷하게 드러나지 않는 한 팀장이 평가를 변경하는 경우는 매우 드물다. 다만 본부 전체에서는 우수하지만, 팀으로 국한했을 때 상대적으로 보통 판정을 받은 경우에는 팀의 성과를 감안하여 평가 등급을 상향해주기도 한다. 이런 경우에도 이의를 제기한 팀원보다는 팀장의 의견이 중요하다. 하지만 이렇게 이의가 발생한 팀장은 리더십에 문제가 있는 것으로 판단하여 팀장 평가에서 나쁜 평가를 받는다.

팀장의 보스는 누구인가?

그렇다면 현대오토에버의 K대표는 왜 2차 평가를 하지 않았을까? 그 답은 간단하다.

K대표가 본부장에게 이렇게 묻는다.

"박 본부장은 A팀의 팀원들과 함께 일하고 있나요?"

이에 본부장은 팀장을 통해서 일한다고 답할 것이다.

K대표의 답변은 간결하다.

"같이 일하지 않는데, 어떻게 평가를 하겠다는 거죠?"

지금의 MZ세대는 평가의 객관적 기준과 공정성을 매우 중요하게 여긴다. 최근 현대자동차가 노동조합의 영향력으로 업무 성과와 관계없이 동일한 성과급을 지급한 적이 있다. 이에 MZ세대 직원들은 크게 반발하였다. 평가의 객관적 기준을 OKR에 등록했다면 공정성은 오직 OKR의 달성 여부로 판단해야 한다. 그러면 OKR에서 2차 평가의 유용성은 매우 약화된다. 아울러 OKR은 줄 세우기 평가를 지양하고 있다. 따라서 OKR을 도입했다면 한독은 평가 프로세스를 간소화하여 이의 절차만 남겨 놓아도 될 것이다.

5장 정리

OKR을 도입하고 평가 도구로만 쓰는 기업이 많다. 수시로 대화하고 조언하고 칭찬하고 인정하는 과정을 통해 목표를 달성하는 방법론으로 OKR을 사용해야 하는데, 현실은 평가 방법으로 활용하고 있다. 그렇다 보니 기민한 지원보다는 수시 평가의 방법을 찾고, 절대 평가와 상대 평가를 대학 입시제도 만큼 바꿔가며 적용하고 있다. 공정성을 명분으로 해서 같이 일해 보지도 않은 팀원을 본부장이나 대표이사까지 평가에 참여하는 평가의 늪에서 빠져 나와야 OKR을 성공적으로 안착시킬 수 있다.

6장

H팀장님께 드리는 조언

이론이 아무리 좋아도 현장 적용은 또 다른 문제다.
H팀장의 고민에 편지로 답해 본다.

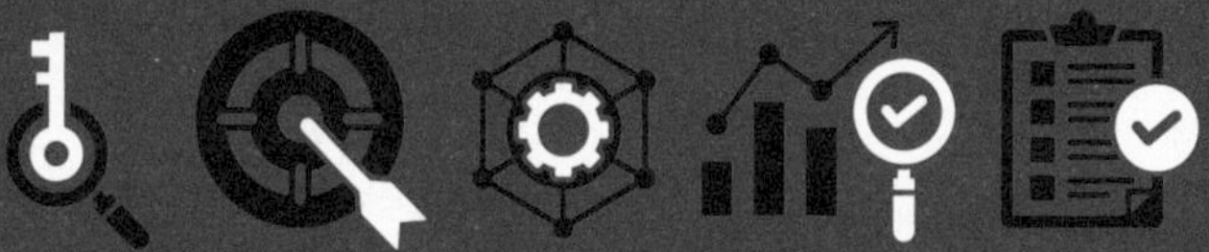

1 직책으로 구성하라

군포에 소재한 U사를 다녀왔습니다. H인사팀장님과 두 시간 정도 토의하고 왔는데, 그의 고민은 100~200명 정도의 규모에서 공통적으로 발생하는 문제 같았습니다. 필자 역시 비슷한 고민을 수년간 하다가 창업을 했는데, 단번에 해결할 수 있는 방법론, 시스템, 솔루션은 사실 없었습니다. 무엇보다도 기업문화가 중요한데, 이것이 손에 잡히지 않았기 때문입니다. U사를 다녀온 후 몇 가지 생각을 정리해야겠다고 마음먹었습니다. 이것은 그 첫 번째 주제입니다.

H팀장님. 직책자의 명함은 모두 직책을 표시하도록 해보시죠. 외부인도 직책으로 호칭하도록 합니다. 물론 내부에서도 철저하게 직책자는 직책으로 호칭하도록 합니다. 이사급 팀장이라면 살짝 비켜갈 수 있겠습니다. 대체로 임원은 본부장급의 직책을 가지니까요.

아무것도 아닌 것 같지만, 이렇게 직책을 중시하는 문화를 만들고, 한 달에 한 번, 적어도 분기에 한 번 정도는 직책자에게 상기시켜 주면 어떨까요. "○○ 본부장님. 올해 목표는 무엇이고, 그것을 어떻게 달성하고 있습니까?"와 같이 말이죠.

조직에는 구성원을 구분하는 직위, 직책, 직급 등이 있습니다. 최근에는 호칭을 단순하게 해서 매니저와 비(非)매니저로 나눈 후, 매니저 외는 모두 이름을 부르는 경우도 많습니다. 비(非)매니저는 ○○○님으로 호칭합니다. 이 밖에 프로라고 부르는 기업도 늘고 있습니다. 그럼에도 불구하고 전통적 체계인 사원-대리-과장-차장-부장, 주임-선임-책임-수석이라는 직위가 여전히 주류를 이루고 있습니다.

제가 미국 법인과 일할 때, 미국 국적의 한국인은 저를 이름으로 부르고, 저는 직위로 호칭한 적이 있습니다. 우리는 이름을 부르는 것에 익숙지 않습니다. 그러니 직위는 필수고, 직위로 어느 정도 경력을 유추할 수 있게 하는 것이 비즈니스에 도움이 됩니다. 직위는 우리나라 직장인에게 중요한 요소입니다.

조직의 책임자로서 직책은 목표를 관리하는 중심 역할을 한다.

인사 평가에서는 직위보다 직책이다

중소기업은 대기업에 비해 유연성을 발휘할 수 있다는 장점을 가지고 있습니다. 업무를 쪼개 전문성을 발휘하도록 하는 대기업에 비해 폭넓은 업무를 수행하는 것도 장점이라 할 수 있습니다. 그렇다 보니 조직 변경이 잦고, 직책의 지속성도 떨어집니다. 중소기업은 직책보다 직위로 부르는 경우도 많고, 직책과 직위를 혼용하는 경우도 많습니다. 흔히 볼 수 있는 직책이 팀원-팀장-본부장-사장의 4단계 조직이지만, 부서장 또는 부문장을 본부장 위에 두어 5단계로 만든 조직도 많습니다.

- 과장 또는 차장이면서 팀장인 경우 → 팀장으로 호칭
- 부장이면서 팀장인 경우 → 팀장 또는 부장으로 호칭(부장이 많은 조직에서는 팀장으로)
- 이사면서 팀장인 경우 → 이사로 호칭(부장에서 겨우 임원으로 승진했는데 말이죠.)

인사 평가를 제대로 하는 조직의 경우, 팀장은 팀장으로, 본부장은 본부장으로 호칭합니다. 조직의 목표와 실적이 사장-본부장-팀장-팀원으로 내려가고 올라가기 때문입니다. 금년에 무엇을 하겠다는 사업계획은 조직별로 수립합니다. 그 조직의 책임자가 직책인데, 직책으로 불리는 조직은 조직의 목표와 실적이 항상 다뤄진다고 볼 수 있습니다. 반면에 직위로 불리는 기업은 조직의 목표나 실적과 무관하게 얼마나

오래 있었느냐가 중요한 것으로 판단할 수 있습니다.

군계급	공무원		군무원 직급	
–	장관		–	
–	차관		–	
대장	차관급		–	
중장	관리관		–	
소장	이사관	기감	군무관리관	
준장	부이사관	부기감		
대령	서기관	기정	군무이사관	군무기감
중령	사무관	기좌	군무부이사관	군무부기감
소령	주사	기사	군무서기관	군무기정
대위	주사보	기사보	군무사무관	군무기좌
중위	서기	기원	군무주사	군무기사
소위	서기보	기원보	군무주사보	군무기사보

공무원과 군대는 직위와 직급으로 예우의 기준을 잡는다.

조직을 직책 하에서 한 방향으로 정렬하라

MBO에서도 목표를 회사 차원부터 개인까지 조직화하라고 말합니다. KPI도 조직 단위로 구성합니다. OKR에서도 회사가 존재하는 이유부터 비전을 세우고, 이를 달성하기 위한 연간 OKR을 정하라고 합니다. 회사의 전략 방향을 달성하기 위해서는 각 조직이 실행해야 할 세부적인 OKR을 세우고, 이를 한 방향으로 정렬해야 합니다. 이렇게 정렬된 목표와 중요한 실적 지표는 그것이 MBO, KPI, BSC, CFS, OKR이 되었든 직책자가 추진하는 것입니다. 즉, 직책자는 권한과 의무를 부여받지만, 직위는 오로지 호칭일 뿐입니다.

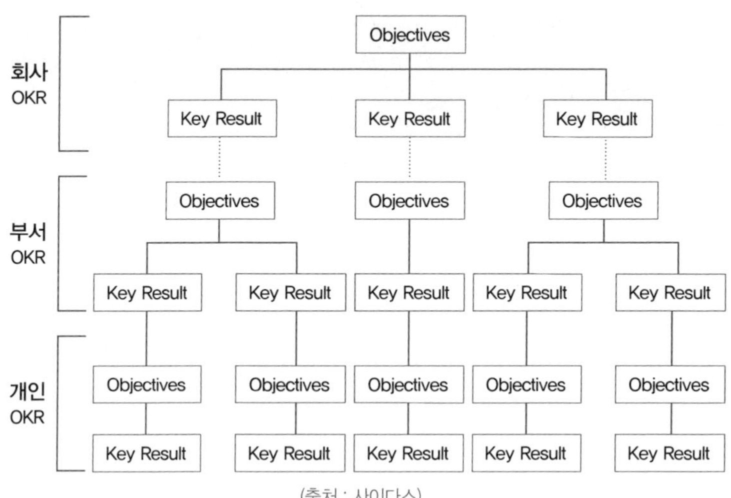

(출처 : 사이다스)

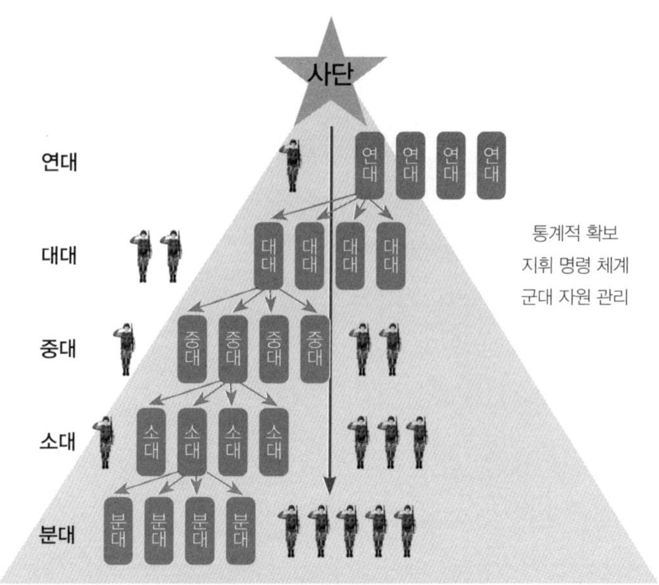

군은 직책으로 정렬된 전형적인 사례다
(출처: 고우아이티블로그)

2 인사 평가, 인사팀에서 하지 마라

H팀장님. 인사 평가가 고민되시지요? 제도를 만들고, 잘 작동되는 것까지 인사팀의 업무이고 책임이라고 생각하시기 때문에 더욱 고민이 되실 겁니다. 그 짐을 내려놓으세요. 인사 평가는 인사팀에서 하면 안 됩니다. 인사 평가는 기획조정실, 구조조정본부, 경영관리부 등 컨트롤 타워(기획부서)에서 해야 합니다. 인사팀은 제도 마련 후 "인사 평가 시작하세요", "인사 평가 결과를 제출해 주세요"라고 요청만 하면 됩니다.

1997년 IMF 이후 삼성전자, 현대자동차 등 대부분의 그룹사에서 구조조정본부를 설치하여 운영했습니다. 당시 IMF라는 상황을 극복하기 위한 조직이었습니다. 사실 그전에도 전략기획실, 기획조정실, 경영관리부, 비서실 같은 명칭으로 같은 업무를 했었습니다. 구조 조정이라는 키워드가 좀 더 강조되었을 뿐입니다. 그런데 그 조직의 업무를 보면 컨트롤 타워 역할을 했습니다.

대부분의 기업에는 경영 목표를 수립하고 실행 여부를 체크하는 조직이 있습니다. 경영의 기본인 Plan-Do-See 또는 Plan-Do-Check-Action에서 Do를 제외한 계획(Plan)과 관리(Check, See)를 하는 부서가 전략기획실, 기획조정실, 구조조정본부, 경영관리부로, 기업의 컨트롤

컨트롤 타워에서 평가를 주도해야 한다.

타워입니다. 그 조직이 바로 OKR에서 말하는 목표와 KPI의 중요한 수행 지표를 다루는 조직입니다. 내년도 사업 계획 수립을 지시하고, 취합해서 사장에게 보고하는 부서는 명칭이 무엇이 되었든 컨트롤 타워입니다. 이 조직들은 수립한 사업 계획에 따른 실적을 제출하라고 지시하고, 취합해서 사장에게 보고하는 부서입니다. 인사팀에서 이런 업무를 한다면 인사팀이 컨트롤 타워가 될 것입니다.

그러나 정상적인 회사의 경우, 인사팀은 이런 업무를 하지 않습니다. 따라서 OKR, MBO, KPI 등 무엇이든 간에 인사팀에서 목표와 실적 파일을 보존하거나 관리하고 있을 이유가 없습니다. 컨트롤 타워 조직에서 평가 결과를 받아서 보상하고, 승진에 반영하면 될 일입니다.

그러므로 인사 평가 제도를 어떻게 수립하고 개선할지 컨설팅받으려면 인사팀장과 컨트롤 타워 조직장이 같이 참석해야 합니다. 인사팀은 인사 평가 제도를 만들고, 진행하면 역할을 다한 것입니다. 즉, '업적과 역량으로 하겠다', '평가 방식은 절대/상대 평가로 하겠다', '업적과 역량은 어떤 비율로 반영하겠다', '하향 평가는 1차, 2차로 하겠다', '상향 평가는 안 하겠다', '동료 평가는 인사팀에서 평가자와 피평가자를 정리하겠다' 같은 제도를 마련하는 것이 역할인 것입니다. 평가 시즌에 컨트롤 타워 조직에게 진행을 알리는 종을 치면 평가 자체에 대한 역할은 끝납니다.

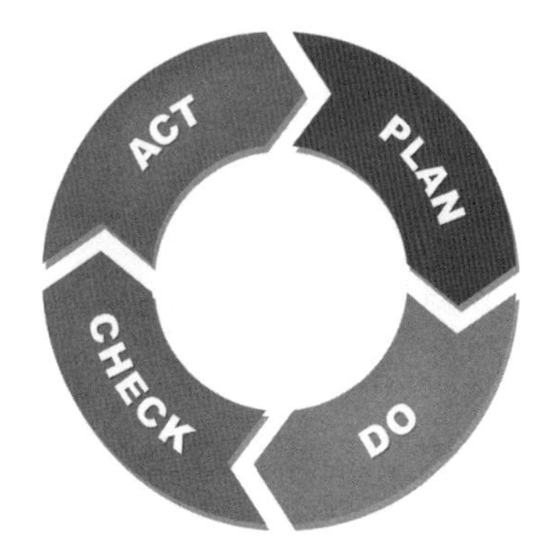

계획 사항과 수행 상황을 체크하고 점검하는 역할은 인사팀이 하지 않는다.

우리은행 2020년 KPI 평가항목 및 배점표

평가항목	KPI		배점	2019년 대비 변화된 부분
수익성	조정RAR		500점	수익성지표 통합 배점 90점 상향
건전성	연체율		70점	10점 상향
	자산건전성관리		30점	20점 상향
고객자산관리	고객수익률		50점	30점 상향
	고객CARE	불완전판매모니터링	30점	신설
		미스터리쇼핑	20점	상품판매 사후관리 집중 점검
	퇴직연금		50점	수탁고 35점/ 개인형IRP 15점
내실성장	성장기반 상생	총수신	50점	20점 상향(핵심예금 폐지)
		중소기업금융지원	70점	말잔 40점/ 평잔 30점
		서민금융지원	10점	기금대출 가점 운영
	고객기반		120점	결제성계좌(활동고객 가점)
총점			1000점	

출처 : 우리은행

예시로 든 우리은행에서 인사팀은 KPI를 만들 수도 없고, 평가와 같은 판단도 할 수 없다.

H팀장님. 인사팀에서 인사 평가를 주도하지 말라니 현실과 동떨어진 것 같다는 생각이 드실 수도 있습니다. 하지만 글로벌 선진 기업과 삼성전자, 현대자동차, LG전자 등 대기업은 인사팀이 KPI, BSC, OKR, MBO에 대한 세부 내용을 다루지 않습니다. 그러니 목표와 실적은 어떤 형식이든 컨트롤 타워에 맡겨 주세요.

인사팀은 평가가 잘 되도록 코디네이션, 퍼실리테이션을 하는 역할에 주력하여 주십시오. 사장님께도 인사팀 역할은 거기까지여야 한다는 점을 인식시켜 주십시오. 혹시 이런 논리를 진언하기 힘드시면 제가 함께 하겠습니다.

3 조직 평가부터 먼저 하라

H팀장님. 앞서 말씀드린 것처럼 인사 평가는 이제부터 계획과 실적을 다루는 부서와 함께 하여 짐을 더시기 바랍니다. 오늘은 컨트롤 타워가 할 일을 하나 더 거론하려 합니다. 인사팀이 조직과 무관하게 '사람'을 바로 평가하면 부작용이 생기기 마련입니다. 그러면 연초에 수립한 각종 목표(MBO), 주요 지표(KPI), 중요 결과(KR)와 무관해지고, 그렇게 강조한 CFR, 즉 대화하고, 피드백하고, 칭찬하라는 말은 잔소리가 되고 맙니다. 이런 경우에 인사팀은 기획조정실, 구조조정본부, 경영관리부 같은 컨트롤 타워(기획부서)에 "조직 평가를 제대로 해주세요"라고 말하면 됩니다.

인사 평가를 바로 하면, 연초에 그렇게 열심히 한 '잘 정렬된 조직의 목표와 중요 지표(KPI, KR)'를 책장에 꽂아 두고 아무도 보지 않게 됩니다. 사람을 평가하기 전에 조직 평가를 먼저 시행해야 하는 이유입니다. 조직 평가를 제대로 하면 조직장은 본인의 KPI나 KR의 진행 상황을 팀원과 함께 점검하게 됩니다. 사장님에게 분기 단위로 진행 상황도 보고하게 됩니다. 사실 평가를 할 필요도 없습니다. 중간 보고만 하도록 해도 조직장은 스스로 평가하고, 예하 부서 및 팀원들과 대화를 하고, 피

(출처: SBS)

드백을 하게 됩니다. 특히 잘 안 되는 목표와 중요 지표를 어떻게 만회할 것인지 묻지 않을 수 없습니다.

CFR이 잘 안 된다고 수시 평가를 제도화하자는 경우를 많이 보았습니다. 저는 이렇게 말합니다. 1년에 한 번 하는 평가도 잘 못해서 고민인데, 월 단위로 수시 평가를 한다면 잘할 수 있을까요? 그렇습니다. 지금도 잘 안 되는데, 거듭하면 부작용이 더 생기지 않을까 걱정됩니다. 그래서 저는 조직의 목표와 실적을 컨트롤 타워에서 계속 지켜보도록 하자고 제안합니다. 분기 단위 정도로 공식적인 진행 상황만 보고하도록 하고요.

저희 시스템은 이 부분을 두 가지로 지원하고 있습니다. 첫 번째는 다음과 같은 조직 평가입니다.

- 조직의 KPI나 KR을 평가하도록 합니다. 꼭 평가일 필요는 없습니다. 체크입니다.
- 조직의 KPI 진도 체크나 평가를 1년/반기/분기/월 단위 등 기간별로 할 수 있습니다. 월 단위로 하면 할 일이 늘어납니다. 그만큼 관리 비용도 증가합니다. 피곤하기도 하죠. 앞서 말씀드린 것처럼 진도 체크나 평가를 하면 조직별로 우수 부서와 미흡한 부서가 구분됩니다. 이를 개인에게도 반영합니다.
- 조직의 KPI와 개인의 실적(업적과 역량) 비율을 정합니다. 조직의 KPI 비중이 높을수록 조직의 성과가 그만큼 중요해집니다. 예를 들어, 조직이 S등급이고, 팀 내에서는 B등급인 사람이 전사 차원에서는 조직의 등급이 반영되어 A등급이 되는 것이죠. 반대의 경우도 같은 논리입니다.
- 좀 더 손이 가는 방법이지만, 조직 평가를 해서 등급의 개수를 부여하는 방법도 실행할 수 있습니다.

실제로 제가 재직했던 C사는 아래 표와 같이 최우수 부서는 S등급을 많이 주고, D등급은 없도록 했습니다.

구분	개인 평가 등급 비율						
	등급	S	A	B	C	D	계
조직 평가주)	S	20%	35%	40%	5%		100%
	A	15%	30%	40%	15%		100%
	(기준) B	10%	25%	40%	20%	15%	100%
	C	5%	20%	40%	25%	10%	100%
	D		15	40%	35%	10%	100%
	표준 분포도	**10%**	**25%**	**40%**	**20%**	**5%**	**100%**

주) 조직 평가는 KPI 점수가 80점 이상일 경우, 'C'등급 이상을 받도록 하여 상대 평가에 따라 'D'등급이 강제 부여되는 문제를 완화합니다.

두 번째는 조직의 KPI나 KR의 진행 상황을 한눈에 볼 수 있도록 해줍니다. 각 부서에서 진행 상황을 입력해도 되고, 컨트롤 타워에서 판단하여 입력해도 됩니다. 저는 컨트롤 타워에서 입력하는 방법이 좋다고 생각합니다. 연초나 연중에 빨간 불을 켜는 조직장은 그리 많지 않습니다. 막판에 정말 안 되고 있을 때 빨간불을 켜는 경우가 많죠. 위험을 회피하고 조직의 건강도를 판단하려면, 부서의 자료를 보고 제3자의 시각에서 판단하는 것도 유효합니다.

H팀장님. 인사 평가는 경영 목표와 실적으로 하는 것인데, 만일 컨트롤 타워 없이 인사팀에서 이 모든 것을 하셨다면 심심한 위로 말씀을 드립니다. 고생 많이 하셨습니다. 앞에서 말씀드린 조직 평가 방법을 좀 더 구체적으로 말씀드렸습니다. 오로지 한 개만 있는 정답을 말씀드린 것이 아닙니다. 하지만 여러 정답 중 하나라는 것은 분명합니다. 다음 주제에서는 이래도 불만, 저래도 불평인 인사 평가에서 객관적이라고 말할 수 있는 방안을 말씀드리겠습니다.

4 정량/정성 평가를 확실히 구분하라

H팀장님. 앞에서 조직 평가를 먼저 하자고 말씀드렸습니다. 이를 위해 직책 중심으로 호칭하는 것은 작지만, 중요한 첫걸음일 수 있습니다. 오늘은 실무에 필요한 평가 방법 중 정성인가, 정량인가가 주제입니다. 저는 먼저 객관성 담보라는 강박에서 벗어나자고 말하고 싶습니다. 어차피 평가는 주관적입니다. 객관적으로 끝날 수가 없습니다. 객관적 지표는 이론의 여지없이 팩트(Fact)로, 누가 해도 동일한 결과가 나옵니다. 따라서 평가의 일정 비율은 정성적 판단을 주관적으로 한다고 선언하고 시작해야 합니다. 그렇다면 주관이 객관을 어떻게 보완할 수 있는지 말씀드려 보겠습니다.

이제는 옛날 사람이 된 GE의 잭 웰치가 우리나라에 끼친 영향은 상대 평가의 보편화입니다. 상대 평가는 소수의 상위자를 극히 우대하고, 소수의 하위자는 내치는 것이죠. 아무리 미화해도 내친다는 사실에는 변함이 없습니다. 무조건 줄을 세우는 상대 평가는 많은 부작용을 낳습니다. 팀워크를 중시하고, 팀이 개인보다 앞선다고 해놓고는 팀원 중 꼴찌를 선정해야 한다는 것이 모순입니다. 그래서 절대 평가로 바꾸자는 여론이 등장합니다.

- 절대 평가도 1등부터 꼴찌까지 나오는 것은 마찬가지다.
- 절대 평가는 관대화/중심화에 따른 동점자만 양산할 뿐이다.
- 이를 보완하는 편차 조정을 하더라도 동점자 양산과 줄 세우기는 피할 수 없다.

- 상대 평가는 줄 세우기 부작용이 있기 때문에 절대 평가를 해야 한다.
- 절대 평가의 단점은 편차 조정으로 보완할 수 있다.

그러나 절대 평가도 결국 1등부터 꼴찌까지 나옵니다. 그냥 동점자만 양산될 뿐이죠. 관대화와 중심화에 따라 동점 1등과 꼴찌가 양산될 뿐입니다. 그렇게 절대 평가를 해도 안 되니 그 다음에는 수시로 평가를 해보자고 합니다.

- 목표가 하나인데, 평가가 여러 개일 수는 없다.
- 목표를 달성하려면 코칭, 가이드, 지원을 수시로 해야 한다.

- 목표 달성 여부를 단 한 번의 평가로 끝내서는 안 된다.
- 수시로 목표 달성 여부를 평가해야 한다.

일단 1년에 한 번 하는 평가도 힘이 들고 잘 못하는데, 수시로 한다면 과연 어떻게 될까요? 게다가 목표는 하나인데, 수시로 평가를 한다는 것이 도대체 의미가 있을까요? 따라서 수시 평가는 오히려 목표 달성을 돕는 코칭, 가이드, 지원이라는 이름으로 수행해야 마땅할 것입니다.

- 우리 회사의 목표는 조직 차원이므로 평가도 조직 단위로 해야 한다.
- 평가는 팀과 팀원의 조직 목표에 대한 공헌에 근거하는 것이지 직무 수행에 대한 것이 아니다.

- 직무는 우리 회사 업무를 정의한 것이므로 직무 단위로 평가해야 한다.

제가 컨설팅한 T사는 개인의 수행 업무를 직무로 구분하여 평가하자는 방안을 구상했습니다. 제 의견은 '잘 안 될 것 같다'였습니다. 직무로 평가한다는 것은 직무로 급여를 주겠다는 것이 전제되어야 합니다. 하나의 직무를 부장과 사원이 수행한다면 평가를 하나 마나 부장은 S등급이고, 사원은 B등급 미만이 될 겁니다. 이 밖에도 SK가 추진한 비등급 평가 등으로 평가하되 마치 순서가 없는 양 포장하는 기술(!)을 넣고 있습니다만, 효과는 '그다지'라고 생각됩니다. 드러커가 말한 MBO, 즉 목표를 달성하기 위한 관리 체계에서 평가를 쏙 빼서 쓰려고 하니 그런 것입니다.

최근 유행하는 OKR에서는 더욱 힘들 수밖에 없습니다. 목표를 도전적이고 과감하게 세우라고 하니까요. 평가를 정성적으로 하라니 결과적으로 평가 측면에서는 이것이 무엇인가 하고 되뇔 수밖에 없습니다. 정성, 정량 평가를 말하기 위해 사설이 길었습니다. 평가가 줄 세우기가 아니라는 점을 희석하려는 것이 부질없다는 말씀을 드리고 싶었기 때문입니다. 본격적으로 정성, 정량 평가를 말해보죠.

먼저 정량 평가는 숫자로 하는 것이기에 쉽다고 말합니다. 영업 매출, 불량률, 고객만족도율, 생산수율과 같은 것이죠. 예를 들어, 인사팀 업무의 정량적 평가로는 퇴사율 등을 꼽을 수 있습니다. 그렇다면 수치가 없는 인사 평가 제도 도입이라는 목표를 꼭 정성적으로 해야만 할까요? 저는 이런 부분도 정량적으로 해야 한다고 생각합니다. 크게 나누어 도입하면 A등급, 못하면 C등급으로 할 수 있습니다. 또는 도입+시행은 S등급, 도입만 하면 A등급, 계획 수립과 CEO 승인이면 B등급, 계획 수립이지만 CEO 승인을 못 받았다면 C등급, 계획 수립도 못했다면 D등급으로 하는 것이죠. 이렇게 만들면 숫자가 없지만 정량적인 평가를 할 수 있습니다.

평가 등급을 정할 때 S~D등급 외에 Outstanding-Normal-Need Improvement 식으로도 할 수 있습니다. 모든 목표에 이렇게 하면 어떤 등급을 받는다고 정의하면 됩니다. 많은 직원들이 이를 어려워합니다. 두리뭉실하게 하고 싶어 하죠. 그런 다음, 모순적이게도 객관적 지표가 없다고 말합니다. 특히 객관적이고, 투명한 평가에 대한 여론이 많다면 이러한 규정이 더욱 필요합니다. 이렇게 하면 정성적 평가가 개입할 여지가 크게 줄어듭니다.

그렇다면 이렇게 객관화한 지표는 부작용이 없을까요? 당연히 있습

조직의 공헌은 직급의 크기에 따라 부여하고, 모두 채워야 목표 달성, 즉 B등급입니다.

니다. 목표 수립 시 대부분을 달성이 가능할 정도로 정하게 됩니다. 별일 없으면 달성할 수 있는 지표를 A등급으로 놓을 가능성이 큽니다. 저라도 그럴 것 같습니다. 팀장이 좀 더 과감하고 도전적인 목표를 제시하더라도 팀원이 수용하지 않게 됩니다. 목표 수립과 동시에 C등급이 되기 때문입니다. 결국 팀원은 늘 이룰 수 있는 목표를 세우게 됩니다. 반면에 팀장은 경영진의 과감한 목표를 뿌리칠 수 없죠. 팀장만 중간에서 힘들어집니다.

이때 필요한 것이 바로 정성 평가입니다. 가령, 홍길동 씨에 대한 평가 중 팀장과 합의된 정량 목표는 80%의 비중으로 주고, 20%는 팀장이 정성적으로 평가하게 하는 것입니다. 과감하게 도전한 직원에게 S등급을 줄 수 있도록 말이죠. 이 부분을 객관적인 것처럼 포장해서는 안 됩니다. 20%는 내 마음대로입니다. 도전적이고, 과감하며, 동료를 돕는 팀원은 S등급으로 평가하고, 자신만 알고 자신의 목표만을 위해서 1년을 보낸다면 B등급 미만이 될 것임을 분명히 해두어야 합니다.

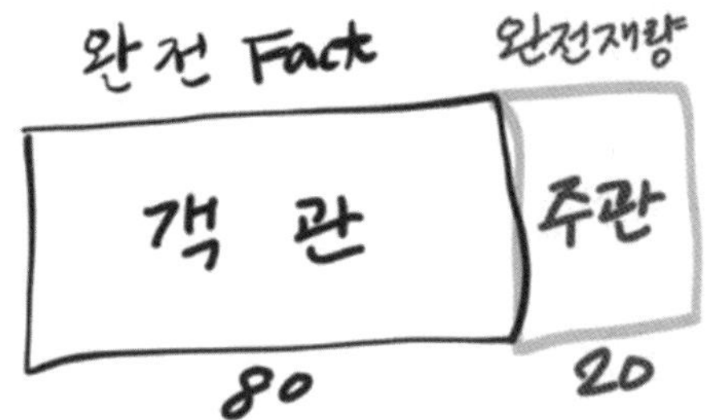

주관적인 평가를 객관화로 포장할 수는 없다. 정량이 숫자만을 의미하는 것은 아니다. 미리 규정하면 모두 정량적인 것이 된다.

5 예산이 없으면 인사 평가하지 마라

H팀장님. 앞에서 정성, 정량 평가를 말씀드리며 정성적 평가를 공식화하자고 제안했습니다. 오늘은 평가의 최종 결과인 보상을 말씀드리겠습니다. 다행히도 내년부터는 보상 예산이 증가한다니 평가의 의미가 좀 더 있을 것 같습니다. 결론부터 말씀드리면, S등급 인재는 대폭 보상하고, 나머지는 특별히 차별을 두지 않는 것이 어떨까 싶습니다. 실컷 평가해 놓고 보상이 없다면 S등급 인재는 절망할 것입니다. C~D등급은 어떤 보상에도 분노할 테니 보상 금액의 문제는 아닐 것입니다.

다음은 150명에게 지급할 보상 금액이 2억 원일 때 일반적인 금액을 계산해 본 것입니다. 이는 전체 평균으로 본 것입니다.

등급	비율	인원	월 급여 대비 지급률	재원	인당 지급액
S	10%	15	150%	2억 원	195만 원
A	20%	30	120%		156만 원
B	50%	75	100%		130만 원
C	15%	23	75%		98만 원
D	5%	7	50%		65만 원

위의 기준으로 하면 S등급이라도 보상 금액이 채 200만 원이 안 됩니다. C~D등급은 분노한 상태이므로 얼마를 지급하든 불만족스러울 것입니다. 100만 원도 안 되는 금액에 냉소가 나올지도 모릅니다. S등급에게도 200만 원이 안 되는 보너스로 감동을 기대할 수는 없을 것입니다. 감동까지는 아니더라도 인정은 받아야 하지 않을까 싶습니다만, 아무튼 보상 금액으로만 봐서는 실패입니다.

게다가 고위 직급자가 고평가를 받을 경우, S등급은 물론 B등급도 보상이 감소하게 됩니다. 통상 보상은 절대 금액으로 하기보다는 연봉에 기초하기 때문입니다. 가령, 월 급여의 150%를 보상으로 지급한다고 가정하면, 연봉 6천만 원인 경우 750만 원, 1억 원인 경우 1,250만 원이 됩니다. 이렇게 되면 결과적으로 하위 직급자에게 지급할 재원이 크게 줄어들게 됩니다. 중소기업은 대개 고위 직급자가 고평가를 받습니다. 제가 재직했던 C사도 이걸 깨려고 무진 애를 썼습니다. 부장은 부장의 성과를, 사원은 사원의 성과를 내면 S등급이 나와야 한다고 목소리를 키웠던 기억이 납니다.

다행히도 재원을 2억 원에서 4억 원으로 2배 키운다고 가정해 보시죠. 그럼 얼마가 될까요? 물론 상황은 좀 나아집니다. 사장님 입장에서는 2억 원이나 더 쓴 것이니까요. 그러나 전년 대비 직원들의 만족도는 증가하겠지만, 금액의 효과는 그리 오래가지 않을 것입니다. 상여금 지급률로 보면 월 급여의 100%도 안 되는 경우가 많을 테니까요.

다음은 4억 원일 때를 기준으로 한 보상 금액입니다.

등급	비율	인원	월 급여 대비 지급률	재원	인당 지급액
S	10%	15	150%	4억 원	390만 원
A	20%	30	120%		312만 원
B	50%	75	100%		260만 원
C	15%	23	75%		195만 원
D	5%	7	50%		130만 원

2022년부터 삼성전자는 최상위 직원 10%에게 부여하던 S등급은 유지하되, 나머지 등급의 비율 한정은 폐지하는 방안을 추진 중입니다. 그리고 기존의 상대 평가에서 최상위 직원 10%를 제외하고는 절대 평가 방식으로 전환했습니다.

일반적으로 많이 쓰는 등급 표현	삼성전자의 등급 체계	비고
S	EX(Excellent)	결국 5단계로 같은 것이다. 표현을 이렇게 하니 그럴 듯하다. 세련된 인사팀이며, 미국식이다.
A	VG(Very good)	
B	GD(Good)	
C	NI(Need improvement)	
D	UN(Unsatisfactory)	

삼성전자의 인사 평가 방안은 이렇게 해석됩니다. 최상위급 인재는 크게 우대하여 보상하고, 나머지는 크게 차별하지 않겠다는 것이지요. U사도 삼성전자를 벤치마킹한다면 답이 쉽게 나올 수 있겠습니다. 상위 10%는 핵심 인력(Key Man)으로 관리하는 것이죠. 일명 탤런트(Talent) 관리라고도 합니다. 예를 들어 재원이 4억 원이라면, 핵심 인력 15명에

게 1인당 1천만 원을 지급하고, 나머지 2억 5천만 원으로 1인당 평균 185만 원 정도가 돌아가게 하는 것입니다.

그러면 90%의 인력은 평가로 인한 스트레스 없이 최상위가 아니라는 것만 받아들이게 될 것입니다. 물론 11~20%에 해당하는 인력은 불만이 생기겠지요. 삼성전자도 이 부분을 고민했을 겁니다. 하지만 10% 인력을 잡는 것이 더 중요하다고 판단했을 겁니다. 남은 재원 중 11~20%에게 좀 더 지급되도록 설계하는 것도 필요하겠습니다.

마지막으로 재원은 어떻게 만들 것이냐를 다루고 마치겠습니다. 삼성전자가 시행하여 널리 알려진 PI와 PS가 바로 재원 마련의 밑바탕입니다. PS는 Profit Sharing으로 이익 분배금입니다. 많은 분들이 여기서 혼동하는 것이 이익 자체에 대한 분배금으로 오해하는 것인데요. 정확히 말하면 PI는 영업 이익이 아니라 초과 이익 분배금입니다. 따라서 정해진 목표 이익을 초과한 부분을 재원으로 합니다.

그래서 영업 이익은 났는데, PS가 지급되지 않는 경우도 있습니다.

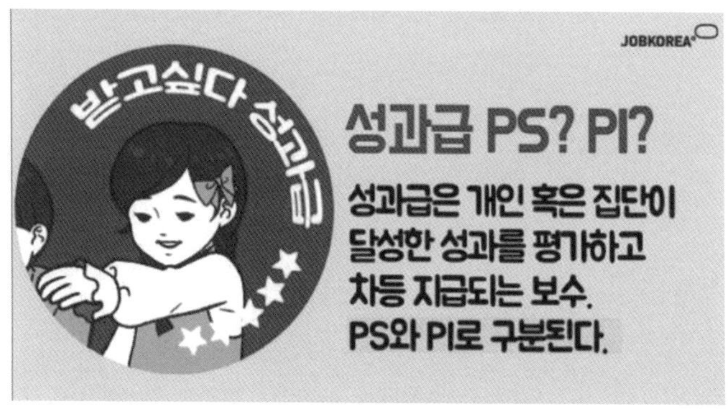

(출처: 잡코리아)

영업 이익 발생이라는 점에서 삼성전자와 삼성전기는 같으나 초과 이익이 없다면 삼성전기는 PS가 지급되지 않습니다. PS가 지급되는 삼성전자에 비해 PS가 쥐꼬리인 삼성후(後)자로 나눠지는 이유입니다.

최근 스타트업은 영업 이익을 분배하기도 한다

한편, PI는 Productivity Incentive로 생산성에 따른 격려금입니다. 인사 평가에서 말하는 KPI나 KR 등의 달성 정도에 따라 지급하는 보너스입니다. 삼성전자의 관점에서 보면 PS는 유동적이지만, PI는 고정적입니다. U사에서 마련한 4억 원이라는 성과급 재원은 PI에 해당합니다. 만일 PS로 보너스를 규정한다면 좀 더 진보적인 성과급 정책이 될 것입니다.

제가 일했던 C사는 PS만 있었습니다. 미달하면 지급하지 않는다는 PS의 철학 그대로였습니다. 그런데 삼성전자와 C사는 다른 점이 있었습니다. C사는 달성하기 어려운 목표로 인해 소수의 부서 외에는 전사적으로 초과 이익이 나오지 않는다는 점이었습니다. 그렇다 보니 몇몇을 제외하고는 PS를 못 받는 구조로 10년 이상을 유지했습니다.

삼성전자는 반대였죠. 많든 적든 매년 PS가 나왔습니다. 휴대폰과 반도체 분야의 사업에 따라 달라지기는 하지만, 대체로 달성할 수 있는 목표가 주어져 매년 초과 이익이 발생했습니다. 삼성전자에서 매년 PS가 지급되는 이유였습니다.

최근 역량 평가 제도를 변경한 LG CNS도 많은 직원들이 환영했다는 소식이 들려옵니다. 이유는 하나입니다. 변경한 제도로 인해 직원 대부분의 연봉이 올랐기 때문입니다. 심지어 역량 평가에 따라 2배가 된 직원도 꽤 있다고 하더군요.

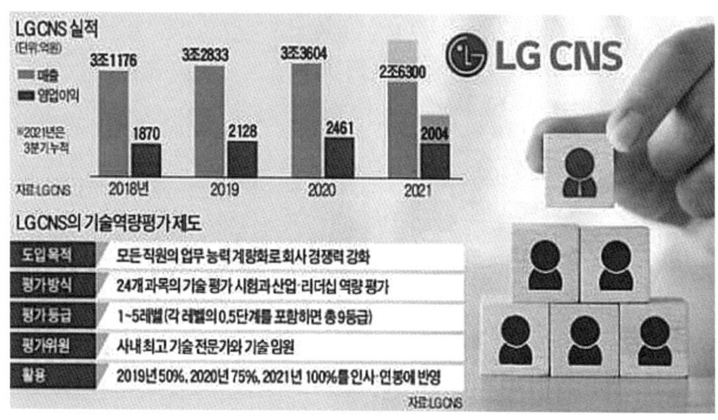

LG CNS의 기술역량평가제도

도입목적	모든 직원의 업무 능력 계량화로 회사 경쟁력 강화
평가방식	24개 과목의 기술 평가 시험과 산업·리더십 역량 평가
평가등급	1~5레벨(각 레벨의 0.5단계를 포함하면 총 9등급)
평가위원	사내 최고 기술 전문가와 기술 임원
활용	2019년 50%, 2020년 75%, 2021년 100%를 인사·연봉에 반영

자료:LG CNS

(출처: 한국경제신문)

H팀장님. U사는 인센티브 재원을 2배로 올렸기 때문에 평가의 의미가 좀 더 생기게 되었습니다. 그만큼 고민도 늘어날 수 있겠네요. 누구나 만족하는 평가와 보상 제도란 이 세상에 존재하지 않습니다. 단 하나, 모두가 기대했던 것보다 더 지급될 때를 제외하곤요. 많은 중소기업 오너가 우수 인력을 유지하기 위해 상벌로 평가를 시도합니다. 보상은 그만큼 되지 않으면서 말이죠. 중간에 있는 인사팀만 괴로워집니다.

그런데 팀장님, 좋은 사례가 나왔습니다. 삼성전자가 한 것이면 설득력이 생기죠. 10%의 우수 인력을 판별하는 용도로 평가를 하고, 보상을 화끈하게 해주는 것입니다. 그리고 그 아래에 있는 10%를 달랠 수 있도록 보상한 후, 나머지 80%는 절대 평가와 비슷한 보상률로 하는 것이 어떨까 싶습니다. 5편까지 읽느라 수고하셨습니다. 앞으로도 계속 응원하겠습니다. 문의는 언제든 환영입니다.

6장 정리

어렵게 비용을 마련하여 평가 컨설팅을 받아도 너무 평범한 보고서만 받는다. 유료 강의를 받아도 교과서적인 원칙론으로 현장에서 실무에 적용할 수 없어 좌절하는 팀장이 많다. 필자의 편지가 모든 것을 해결해 주지는 못해도 5개의 관점은 실무적으로 바로 적용 가능하거나 적어도 경영진과 토의할 수는 있을 것이다.

7장

V사에 인사 평가 시스템은 필요한가?

인사 평가의 문제점은 파악하였고,
어떻게 운영하길 바라는 목표도 있다.
과연 V사는 원하는 인사 평가를 할 수 있을까?
V사의 고민에 편지로 답해 본다.

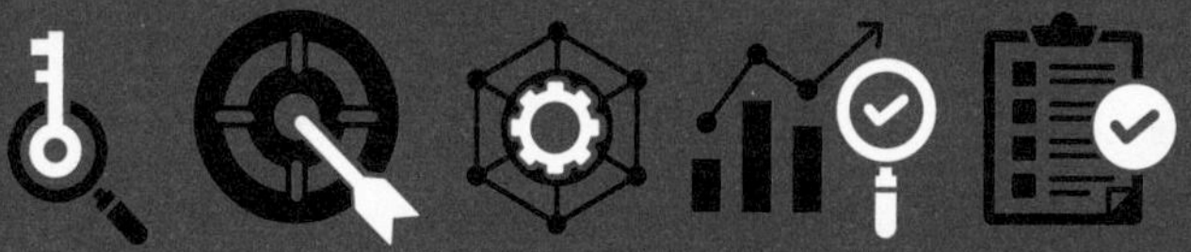

1 V사 인사 평가의 문제점, 진단, 방향성

V사는 연구개발과 제조를 주로 합니다. 재직자는 200인 이하이고, 업력은 22년입니다. 연말에 1회 인사 평가를 시행하지만, 형식적인 절차로 진행하는 상황이고, 성과 중심으로 인사 평가와 보상을 할 수 있는 방안을 모색하고 있습니다. 먼저 1편에서는 고민하고 있는 현재의 문제점에 대한 제 생각을 말씀드리고, 2편에서는 기대하는 효과를 말씀드리겠습니다.

〈V사가 직면한 현재의 문제점〉

1. 인사 평가 결과가 보상과 연계되지 않음
2. 인사 평가에 대한 결과 공개와 피드백이 없음
3. 평가 기준에 대한 합의가 부족함
4. 인사 평가에 대한 긍정적 활용과 효과가 없고, 형식적인 절차로 여김
5. 개인의 인사 관리 시스템이 없어 육성 및 개인의 자력 관리가 미흡함
6. 최근 조직 규모가 커지고 조직 변동이 많아 실질적인 평가가 어려움

이러한 문제점에 대한 제 생각은 다음과 같습니다.

1. 인사 평가 결과가 보상과 연계되지 않는다는 점에 대해

평가의 목적이 일 잘하는 직원과 그렇지 못한 직원을 구분하기 위함이라면, 연말에 한 번 하는 '평가'라는 행위는 매우 비효율적입니다. 일을 잘하고 못하는 구분은 사실 1년 내내 진행되고 있거든요. 굳이 평가라는 형식을 취할 필요가 없습니다.

예를 들어 보죠. 연구개발 부서는 주간이나 월간으로 연구개발 실적을 보고하는 자리가 있을 것입니다. 매주 또는 매월 일 잘하는 직원과 부족한 직원이 구분됩니다. 수첩에 매월 일 잘하는 직원과 부족한 직원을 기록해 놓으면 됩니다. 그런 다음 일 잘하는 직원은 연봉 인상률을 높게, 부족한 직원은 낮게 하면 됩니다. 상여금도 그에 따라 배분하면 됩니다.

원인은 신발이 아니다. 껌이 문제다.

여기서 알기 쉬운 연봉 인상과 상여금 지급 방법 하나를 소개합니다. 많은 기획자가 놓치고 있는 것이 바로 재원입니다. 인상률을 따지기 전에 재원을 얼마로 할 것인지 먼저 정해야 합니다. 예를 들어 재원이 100이라고 해보죠.

S(1.5) A(1.2) B(1) C(0.7) D(0--> 연봉 동결, 상여 없음)

1.5x+1.2x+x+0.7x =100

X=22.7

그 결과 상여금은

S-34 ,A-27,B-23,C-16, D-0

S 급에 파격적으로 지급하려면 계수를 높여서 계산한다.

그런데 여기서 우리에게 생각지 못한, 뜻하지 않은 문제가 발생합니다. 재원이 많지 않으면 기껏 우수 인력이라고 선정해 놓고도 얼마 지급을 못하게 됩니다. 물론 중위점인 B등급보다 S등급에게 1.5배를 지급한다면 감동은 줄 수 있을 것입니다. 그렇다고 해서 B등급보다 S등급에게 3배를 지급한다면 어떻게 될까요? 가장 많은 인원이 분포된 B등급에게 지급할 재원이 줄어들어서 S등급을 제외하고는 불만스러운 상황이 만들어질 것입니다.

2. 인사 평가 결과 공개와 피드백이 없는 것에 대해

이는 인사 평가에 대한 결과를 공개하면 해결될 일입니다. 피드백도 마찬가지입니다. 그런데 왜 문제가 될까요? 팀장들이 정작 꺼려 합니다. S등급이나 A등급 평가를 받은 팀원들은 공개해도 큰 무리가 없지만, C등급이나 D등급 평가를 받은 팀원들의 반발에는 팀장들이 대응하기가 무척 힘들기 때문입니다.

그렇다면 이렇게 연말 즈음에 1회 평가하고 피드백하는 것이 과연 도움이 될까요? C등급이나 D등급은 분노와 좌절을 느낄 것입니다. 사실 S등급도 떨떠름하긴 마찬가지입니다. 알아주고 인정해주어서 좋기는 한데, 보상이 그저 그렇기 때문입니다. 현실적으로 보면 중소기업에서 "당신은 D등급이야"라고 말하기도 어렵습니다. 그 말을 들은 사람은

피드백은 그때그때 사안별로 하는 것이 정답이다. 별도의 절차가 꼭 필요한 것은 아니다.

즉시 퇴사를 준비할 것이고, 충원도 잘 안 되기 때문입니다. 오히려 공개로 인한 폐해가 더 큽니다. 그래서 중소기업에서 일하는 팀장들은 공개에 반대하는 것입니다.

그렇다면 피드백을 매주, 매월, 분기로 업무 보고 때 하면 되지 않을까요? 가령 "김 대리는 올해 목표 달성을 위해 이런 점을 보완하면 좋겠어요. 회사에서 이런 지원을 할 수 있으니 필요 시 말하세요"와 같이 말하고, 1년 후 평가나 그 결과를 설명하는 과정을 둔다면 인사 평가는 공개될 것입니다. 그런데도 현실적인 어려움이 또 하나 있습니다. 물론 피드백은 이미 하고 있을지도 모릅니다. 문제는 달성해야 할 목표에 대한 언급이 없었을 것입니다. 왜냐하면 팀장도 연간 목표를 머릿속에 담아두기가 힘들기 때문입니다. 이번 달에 할 것도 못하고 있는데, 경영진의 지시는 왜 이렇게 오락가락한 걸까요? 1년 동안 팀장이 지속적으로 목표를 추진하게끔 그냥 놔두지를 않기 때문입니다.

3. 평가 기준에 대한 합의가 부족한 점에 대해

평가에 대한 객관적인 기준이 무엇이냐고 흔히들 따집니다. S등급은 이런 말 안 합니다. C등급이나 D등급이 이런 말을 합니다. 이들은 빅마우스가 되어 S등급의 평가도 폄훼합니다. 객관적 기준을 말하는 직원은 객관적으로 우수하지 않다는 반증일 수 있습니다. 그렇다고 해도 기준은 필요하고, 만들어야 합니다. 다음과 같은 절차에 따라 말입니다

목표는 부여하는 것이 아니고 합의하는 것이다.

1. 먼저 회사와 조직 간에 무엇을 할 것인지 합의합니다.
2. 다음으로 조직장과 조직원이 무엇을 할 것인지 정합니다.
3. 할 일을 정한 후 어느 정도 달성하면 S등급이나 A등급이고, 기본인 B등급은 어느 정도이며, 기본 미달 시에는 C등급이고, 아주 미달이면 D등급이라고 정합니다

여기서 객관적 기준은 역설적으로 없습니다. 조직이나 개인마다 합의하여 할 것과 그 수준을 정하기 때문입니다. 매출처럼 숫자로 나오는 것은 평가하기가 비교적 쉽습니다. 품질도 계량적이니까 어렵지 않습니다. 연구개발은 연구 결과를 구분해서 정할 수 있습니다. 재경, 인사, 총무도 어떤 식으로든지 정할 수 있습니다. 심지어 '그것을 하면 A등급이고, 못하면 C등급이다'라고 정하기도 합니다. 심한 경우 '잘하면 S등

급, 못하면 D등급'으로 승부를 걸 수도 있습니다.

이렇게 개별화한 평가 기준으로 평가를 진행하면, 곰과 여우가 나타납니다. 팀장이 그 정도는 해야지 했을 때, "네. 알겠습니다"라고 덥석 받아가는 사람의 경우, 대체로 미달입니다. 곰이죠. 반면에 여우는 어떻게든 달성할 수 있는 목표를 가지려 합니다. 그래서 항상 A등급 이상을 하죠. 이런 결과가 학습되면 도전적이고, 진취적인 목표가 나오지 않게 됩니다. 이때는 팀장의 재량으로 평가할 수 있는 항목과 비율을 만드는 것이 효과적입니다. 자신을 희생하고, 궂은일을 마다하지 않는 직원에게 팀장이 가점을 주는 것이죠.

4. 인사 평가가 효과가 없으며 형식적인 절차로 여겨진다는 점에 대해

그 이유는 앞에서 이미 설명했습니다. 한 가지 더 말씀드리고 싶은 것은 평가가 일을 잘하고, 못하는 직원을 판별하기 위함이 아니라는 점입니다. 평가는 목표를 달성하기 위해 부족한 점을 메우고, 회사가 지원할 것은 무엇인지 전략과 시행 방법을 찾는 과정입니다. 그 과정을 성실히 한다면 긍정적 효과가 나타날 것이고, 형식이 아니라 실질이 될 것입니다.

5. 개인의 인사 관리 시스템 부재로 육성과 관리가 미흡하다는 데 대해

직원이 200명 정도면 인사 관리 시스템이 필요하기는 합니다. 다만 없어서 이런 결과가 나오는 것은 아닐 것입니다. 저는 인사 시스템을 만들고 판매하는 입장이지만, 시스템은 도구일 뿐입니다. 회사와 직원의 성과를 어떻게 관리할 것인지로 평가에 대한 관점을 바꾼다면 인사 시스템은 분명 효과를 발휘할 것입니다. 다만, 머릿속에 맴도는 '어떻게 잘할 것인가?'라는 생각을 프로세스와 룰(rule)로 정해 시스템으로 만들면, 현실에서 이를 구체화하는 데 큰 도움이 됩니다. 결과적으로 개인의 자력 관리도 따라오고요.

6. 규모가 커지고 조직 변동이 많아 실질적 평가가 어려운 데 대해

어떻게 보면, 이 부분이 가장 어렵습니다. 조직 규모가 커진다는 것은 그만큼 할 일도 많고, 새로운 상황이 매일매일 나타난다는 뜻입니다. 조직 변동이 많은 이유입니다. 이럴 때 연 1회 평가는 어불성설일 수 있습니다. 수시 평가로 하면 해결될 것 같지만 천만의 말씀입니다. 1년에 1회도 어려운데,자주 하면 더 안 되지 않을까요?

물론 평가 기간은 정해야 합니다. 1년 동안 하나의 조직으로 존재한다면 연 1회만 해도 무방합니다. 그러나 같은 조직이라도 해야 할 업무나 목표가 변경된다면 그때그때 정리해 주는 것이 필요합니다. 조직 변경이 없어도 업무나 목표에 변화가 있다면 평가 지표를 변경할 기회를 주어야 합니다. 해야 할 업무나 목표가 변경되었는데도 불구하고 평가 지표를 그대로 유지하는 것은 분명 문제가 있습니다.

조직 변동은 변화가 많다는 것을 말한다. 변화가 많으면 일괄적으로 평가하기가 어렵다. 조직별로 구분하여 그때그때 평가하는 것이 필요하다.

2 V사가 기대하는 인사 평가의 모습

먼저 1편은 고민하고 있는 현재의 문제점에 대한 제 생각을 말씀드렸고, 2편에서는 기대 효과를 말씀드리겠습니다.

〈V사가 기대하는 인사 평가의 모습〉

1. 성과 결과를 보상에 녹여내고자 함(고성과자 급여 대폭 인상, 저성과자 급여 인하)
2. 전사-부서-팀-개인의 목표 관리 일치화
3. 피드백 절차를 통한 조직 관리 역량 향상

1. 성과 결과를 보상에 녹여내기 위해

성과를 보상에 녹여내는 것은 사실 어렵지 않습니다. 성과가 있고 없고를 구분하는 것이 어렵고, 순서를 정하는 것이 더 어렵습니다. V사에서 성과를 보상에 녹여내자는 의미는 결국 고성과자에게 보상을 대폭 인상해주자는 것입니다. 그러기 위해서는 고성과자의 순위를 정하는 것이 필요합니다. 문제는 이것이 쉽지 않다는 것입니다.

1. 성과주의 임금 정책
사업 계획에 따라 성과와 보상을 연계한다.

2. 상대 평가를 통한 변별력 마련
상대 평가를 통하여 우수 인력과 저성과 인력의 보상을 차별화한다.
단, 상대 평가의 단점을 보완하고, 절대 평가의 요소를 감안한다.

3. 직무 난이도에 따른 역할별, 직무군별 보상
회사 목표 달성과 임직원의 직무 가치 창출을 지원하고 보상한다.

필자가 중견그룹 C사에서 실행했던 성과 보상 원칙

여기서 잠깐 중학교에서 고등학교 때를 상상해보시죠. 많은 학부모들이 중학교 때는 그렇게 공부를 잘하던 아들, 딸이 고등학교에 들어가서는 성적이 뚝 떨어졌다고 말합니다. 중학교는 절대 평가의 틀을 가지고 있습니다. 어느 수준 이상이면 A등급입니다. 대체로 A등급을 받고 중학교를 졸업한 후 고등학교에 들어가면 상황은 달라집니다. 고등학교는 1등급은 몇 퍼센트까지, 2등급은 몇 퍼센트까지로 구성된 상대 평가의 틀로 운영됩니다. 중학교 때 넓게 포진된 A등급 학생이 고등학교에서는 1등급은커녕 3등급도 안 되니까 고등학교 들어가서 성적이 뚝 떨어졌다고 말하는 것입니다.

잭 웰치가 설파한 후 우리나라의 많은 기업들이 상대 평가를 시행했습니다. 상대 평가는 부작용이 많습니다. 무조건 등수가 나와야 하니까요. 이런 부작용을 피하려고 절대 평가를 시행하거나, 등급을 나누어 평가하기도 합니다. 중학교 식으로 하면 대체로 A등급, 웬만하면 B등급을 주는 것과 같습니다. 그러나 V사가 원하는 것은 고성과자를 판별하여 최고의 대우를 해주자는 것입니다. 절대 평가를 하든, 등급평가를 하든 1등과 2등이 나와야 합니다. 그러므로 어떤 평가든 순위가 필요하다면 결과적으로 상대 평가가 됩니다.

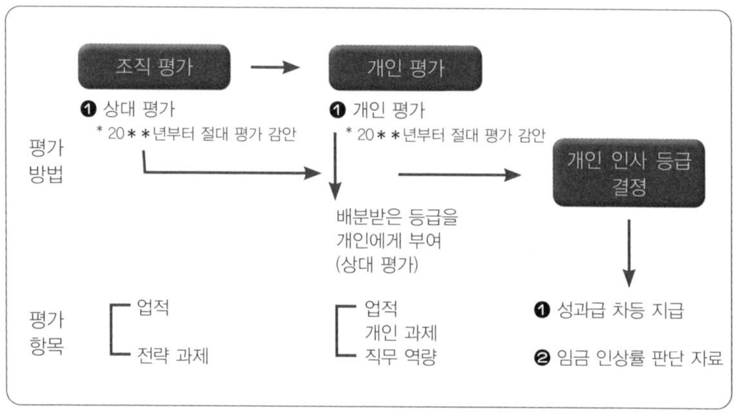

어떤 형식이든 순위가 나왔다면 보상과 연계해야 합니다. 이 부분은 오히려 쉽습니다. 문제는 재원입니다. 재원이 마련되지 않는 상황에서 보상과의 연계를 외친다면 S등급은 냉소만 가질 뿐입니다. S등급의 연봉을 대폭 인상하면 되지 않느냐고 생각할 수도 있습니다. 하지만 기업에는 다수의 B등급과 소수의 S등급이 있습니다. 한정된 재원을 S등급에 몰아주면 B등급에게 돌아가 재원은 적어집니다. 결국 B등급은 쥐꼬리만큼 보상을 받을 것이고, 그들의 불만으로 평가는 폄훼될 것입니다. S등급도 뒤통수가 따가워지니 그렇게 반갑지만은 않을 것입니다. 이럴

바에는 오히려 평가라는 형식적 절차 없이 키맨에게만 특별한 보상을 하는 방법이 효과적일 수도 있습니다.

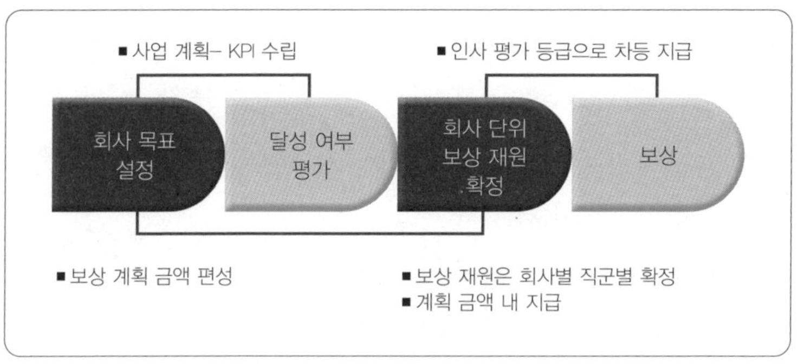

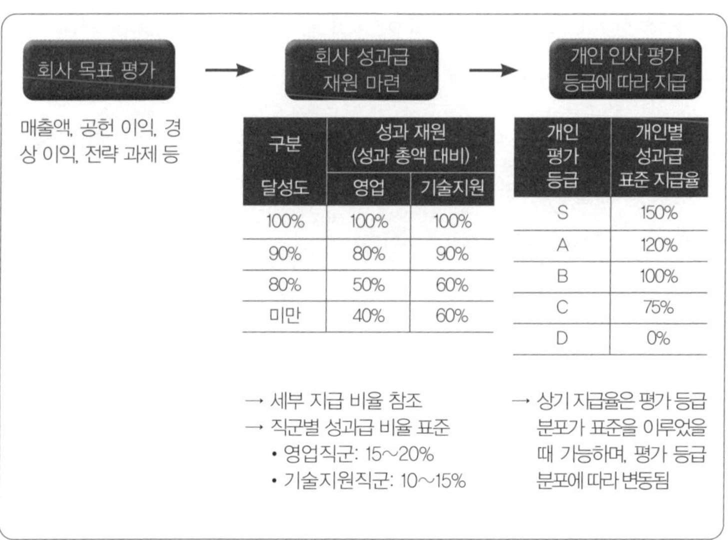

구분 달성도	성과 재원 (성과 총액 대비)	
	영업	기술지원
100%	100%	100%
90%	80%	90%
80%	50%	60%
미만	40%	60%

→ 세부 지급 비율 참조
→ 직군별 성과급 비율 표준
- 영업직군: 15~20%
- 기술지원직군: 10~15%

개인 평가 등급	개인별 성과급 표준 지급율
S	150%
A	120%
B	100%
C	75%
D	0%

→ 상기 지급율은 평가 등급 분포가 표준을 이루었을 때 가능하며, 평가 등급 분포에 따라 변동됨

C사의 성과급 재원 마련과 평가 등급별 지급(필자 재직 시 운영)

평가를 보상과 연계할 때는 재원을 어떻게 마련할지 공개하는 것이 타당합니다. 그래야 보상이 과학적으로 된다고 판단해 직원들이 수용하기 때문입니다. 물론 재원이 작으면 큰 의미가 없습니다. 이러나 저러나 별 차이가 없기 때문이죠. 큰 재원이야말로 삼성전자와 현대자동차의 보상이 세간의 관심을 끌고, 직원들이 빡센 업무를 참을 수 있는 이유이자 근거인 셈이죠. S-A-B-C-D등급의 보상 방법에 대한 사례는 앞의 1편을 보시면 되겠습니다.

2. 전사-부서-팀-개인의 목표 관리 일치화를 위해

인사 평가는 왜 하는 것일까요? 1편에서 말씀드린 것처럼 잘하고 못하고는 평상시에 하는 업무 보고 때 알 수 있습니다. 인사 평가는 회사의 목표를 달성하기 위한 관리 방법입니다. 피터 드러커의 MBO를 이해하고 그대로 하시면 됩니다. V사가 바라는 목표의 일치화는 순서대로 목표를 설정하면 됩니다. 참 쉽죠!

“
MBO란 회사의 비전과 중장기적 경영 전략 그리고 연간 사업 계획을 달성하기 위해서 본부, 부문, 팀, 팀원에 이르기까지 상급자와 하급자가 사전 협의를 통해 업무 목표와 달성 기준을 설정하고, 일정 기간이 흐른 후 그 결과를 평가하여 계획과 성과를 점검해 가는 자기 관리 시스템이다.
”

여기서 중요한 것이 '합의'입니다. 사장과 본부장은 연간 사업 목표를 정할 때, 치열하게 토론하고 논의한 후 합의를 해야 합니다. 사장이 본부장에게 일방적으로 목표를 주는 순간 따로 놀게 되죠. 그리고 중요한 것이 일관성입니다. 합의되지 않은 목표를 개인에게까지 일치시키는 것은 거짓된 모습이 아닐 수 없습니다.

한편 회사의 목표를 바꾸면 전사-부서-팀-개인의 목표도 모두 변경해야 합니다. 그런데 회사의 목표는 바꾸면서 나머지를 바꾸려는 노력은 잘 안 하죠. 1년에 한 번 정도 바꾸는 구조라면 그닥 나쁘지는 않습니다. 분기 1회만 변경해도 1년에 4번 바꾸는 셈입니다. 이렇게 한다면 어떻게 전사부터 개인까지 일치화가 되겠습니까?

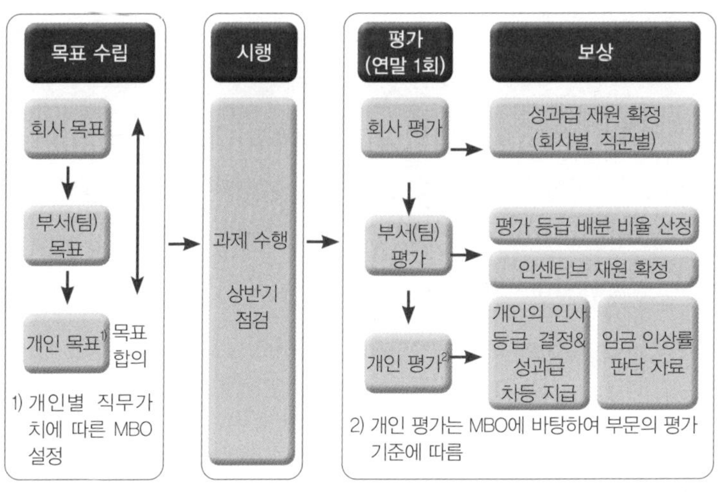

외부 환경의 변화, 새로운 수주 등으로 목표가 변경될 경우에는 단기 조직을 만들어 해당 업무 수행 기간에 대한 목표를 설정하고 평가하는 것도 방법입니다. 일관성을 누가 훼손하고 싶을까요. 어쩔 수 없는 상황에 따른 선택인 것입니다. 그런데도 일관성이 없다면 인사 평가의 효과가 저감될 수 있으니 이 점을 항상 염두에 두어야 합니다. 아래 프로세스와 같이 진행한다면 전사부터 개인까지 목표가 일치할 것입니다.

3. 피드백을 통한 조직 관리 역량 향상을 위해

제가 상담한 고객 중 시스템 도입 목적이 피드백이라고 한 경우가 있었습니다. 피드백을 전혀 하지 않으니 시스템에 등록하게끔 한다는 것이 그 이유였죠. 예전 초등학교 방학 때면 과제로 일기 쓰기가 주어졌습니다. 일기는 매일 써야 하는데, 개학 직전에 몰아 썼던 기억이 있습니다. 이미 일기가 아니었죠. 그때 순진한 고민이 날씨를 적는 것이었습니다. 기억이 나지 않아 비가 왔는지, 흐렸는지 적기 위해 진땀을 뺐습니다.

피드백을 어떻게 해야 하는지 설명한 책도 많고, 가이드도 많습니다. 그것들을 보면 '그때그때 한다'가 공통으로 나옵니다. 그렇습니다. 피드백은 사안별로 즉시 해야 합니다. 잘하지 못하니 절차가 필요해지는 겁니다. 사실 절차는 별것이 없습니다. 월 1회가량 합의한 목표를 어떻게 달성하고 있는지 묻고, 팀장이 지원할 것, 회사에 바라는 것 등을 듣고 해주면 됩니다.

피드백 내용을 기록하는 것은 사실 그리 중요하지 않습니다. 기록하

조직의 성과는 개인 성과의 총합이다. 개인의 성과를 최대화하는 코치의 주 업무는 피드백이다. 피드백을 잘하지 못하는 팀장은 코치의 자질이 부족한 것이 아닌지 살펴보아야 한다.(출처: 픽사베이)

면 뭐합니까. 팀장이 지원도 안 하고, 회사가 요청한 것도 묵살한다면 무슨 의미가 있겠습니까. 피드백은 주간 회의, 월간 회의, 분기 회의 때 우리 팀, 우리 부서의 목표 달성 상황을 공유하고, 개인과 조직장, 그리고 회사 차원에서 서로 무엇을 해야 하는지 확인하면 됩니다.

3 V사는 인사 평가 시스템이 필요한가?

저는 인사 시스템을 제공하고, 서비스하는 사람입니다. 제 입장에서 볼 때 "인사 평가 시스템은 꼭 필요합니다"라고 할 것 같지만, 그렇지 않습니다. 최근 30인에서 100인 사이 기업에서도 인사 평가 시스템을 찾기 시작했습니다. 그에 대한 제 대답은 이렇습니다.

"직원이 50명 정도면 누가 어떤 일을 어떻게 잘하고 못하고 있는지 아실 텐데, 굳이 인사 평가 시스템을 도입하시려구요? 시스템 없이 하시지요."

제가 1편에서도 강조한 것처럼 일을 잘하고 못하고는 매주 혹은 매월 하는 업무 보고 때 판단할 수 있습니다. 굳이 시스템이 없어도 가능합니다. 특별히 개인별 역량에 따라 좌우되지 않는 업(業)이라면, 즉 루틴한 업무이고 비교적 단순한 업무라면 평가가 중요한 요소도 아닐 것입니다.

기업 운영에 반드시 필요한 회계 처리 업무를 맡은 경리직군의 경우, 더존 시스템을 잘 다루고 실수가 없으면 최상급 직원입니다. 다른 어떤 평가 기준이 필요할까요? 영업직군이라면 숫자가 모든 것을 말하죠. 영업상의 숫자가 지상 과제였던 C사는 그해 영업 실적이 안 좋은 직원들은 징계를 하고, 좋으면 승진도 시키더군요.

- 회사의 비전과 경영 전략, 그리고 사업 계획에 대한 온전한 상호 이해
(회사와 개인의 목표를 긴밀히 연결해 경영 목표를 효과적으로 달성할 수 있는 근간을 세웁니다.)

• 평가 시스템이 직접 지원합니다.

- 상하급자 간의 협의를 통한 업무 계획과 목표의 설정
(자발적 참여를 통해 목표를 설정함으로써 자율적인 업무 수행이 가능하도록 합니다.)

- 설정된 계획과 목표의 지속적 점검 및 성과의 자기 관리
(상급자와 하급자 사이에 협의된 목표를 통해 명확한 성과 평가 근거를 만들 수 있습니다.)

• 평가 시스템이 간접 지원합니다.

V사는 연구개발과 제조 분야이다 보니 좀 더 정밀한 평가 구조가 필요할 것 같습니다. 제조는 연구개발보다 비교적 용이합니다. 지표도 많습니다. 생산수율, 불량률 등 수치로 나타나는 지표가 많으니 목표를 설정하고 추진하는 데 머리 아플 일이 적습니다. 영업도 그런 측면에서는 동일합니다.

반면에 연구개발은 뭔가 어렵습니다. 우리나라에서 노벨상을 받은 사람이 없는 이유가 있다고 합니다. 장기적인 연구나 돈이 안 되는 연구를 지속할 수 있는 환경을 허용하지 않아서 그렇다고 합니다. 연구가 당장 성과로 나오거나 지표로 측정된다면 평가도 쉬울 것입니다. 하지만 연구개발은 그 성과가 1년 내에 나오지 않는 경우가 매우 많습니다. 평가는 1년 단위로 하는데 말이죠. 아무튼 측정 가능한 지표를 만드는 것

은 인사 평가의 숙명입니다.

지금까지 말씀드린 내용 중에는 시스템과 관련된 사항이 없습니다. 인사 평가를 어떻게 하겠다고 방향을 잡는 것이 더욱 중요하다는 뜻입니다. 한편, 인사 평가 컨설팅을 한 번 받아보시면 어떨까 제안을 드립니다. 인사 평가 컨설팅으로 평가의 개념, 장단점 등을 익히는 것은 매우 필요합니다. 문제는 컨설팅이 잘 짜인 템플릿을 설명하는 것에 불과할 수 있어서 주의해야 한다는 것입니다.

컨설턴트는 주장이 없습니다. 1안은 이렇고, 2안은 저러니 잘 선택하라고 합니다. 컨설턴트는 지적 우월성을 발휘하는 용어 사용 및 구성도, 프로세스, 개념화를 통해 설명을 해줍니다. T사는 컨설팅을 받은 후 보고서를 보여주면서 "결국 어떻게 하라는 것이냐?"라고 저에게 다시 묻더군요. 이렇듯 컨설팅은 도움이 됩니다만, 선택을 해주지 않는다는 점은 참고하시기 바랍니다.

규모가 크지 않은 기업은 인사 평가 시스템 도입 여부를 다음과 같이 3가지 측면에서 생각해보면 좋을 것 같습니다.

1. 인사 관리를 어떻게 체계화할 것인가?

인사 평가 시스템을 제공하는 솔루션은 크게 두 가지입니다. 하나는 평가만을 위한 시스템입니다. 다른 하나는 인사 관리를 기본으로 제공하면서 평가 모듈을 추가해드리는 시스템입니다. 인사의 여러 요소들을 구조화, 체계화하지 않은 채 평가만 시스템화하면 모든 문제가 해결

될까요? 저는 그렇지 않다고 생각합니다. 인사 평가를 시스템화하기 전에 인사 관리를 체계화하는 것이 선행되어야 합니다. 저희 ㈜오이사공의 인사 시스템은 이런 체계화된 측면으로 구성되어 있습니다.

2. 베스트 프랙티스를 따를 것인가?

㈜오이사공의 인사 평가 시스템은 포스코, 삼성, 현대차, LG 등 대기업의 평가 프로세스를 참조하여 만든 제품이지만, 판매하기가 쉽지 않습니다. 인사 평가는 고객사의 고유 문화이고, 저희가 왈가왈부할 문제가 아닙니다. 고객의 요구에 따라 시스템을 만들어 드리는 것은 공급사의 의무입니다. 저희를 포함해 인사 평가 시스템을 공급하는 업체는 여러 기업의 경험과 요구를 담아 제품을 만들었습니다. 그것을 그대로 가져다 쓴다는 것은 대기업과 선진 기업의 프로세스를 그대로 적용하는 것과 같습니다.

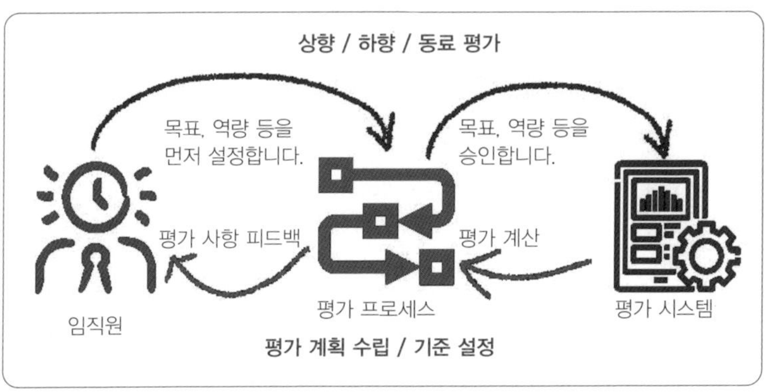

중견 기업 이하의 인사팀은 소수 인력으로 급여, 근로 계약 등 필수 불가결한 업무 위주로 운영됩니다. 인사 평가는 경영기획이 결합된 전문 영역으로 담당 인력도 없고, 구하기는 더더욱 어렵습니다. 이럴 때 저희 ㈜오이사공이 제공하는 프로세스를 따르면, 자연스럽게 선진 평가 제도를 수립하고 운영하는 것이 됩니다.

3. MZ세대와 같이 일하기 위해

요즘 공정에 대한 이슈가 참 많습니다. 특히 MZ세대가 그렇습니다. MZ세대는 합리적인 기준 아래 투명하게 운영되길 원하고, 이러한 요구도 숨기지 않습니다. 회사도 이에 대해 설명할 수 있어야 합니다. 추세도 보여주고, 비교 결과도 알려주어야 합니다.

MZ세대는 IT 시스템에 익숙합니다. 아니 IT 시스템 없는 삶은 상상도 하지 못합니다. 눈을 뜨는 아침부터 잠자기 직전까지 스마트폰을 끼고 사는 세대입니다. 심지어는 자는 동안에도 스마트워치가 손목에서 수면을 측정하는 세대입니다. 회사가 알아서 한다는 식으로는 MZ세대와 같이 일할 수 없을 것입니다. 이런 세태가 반영된 탓인지 최근에는 30명 내외의 작은 기업에서도 평가를 어떻게 할지 문의가 잦고, 시스템 도입도 많아지고 있습니다.

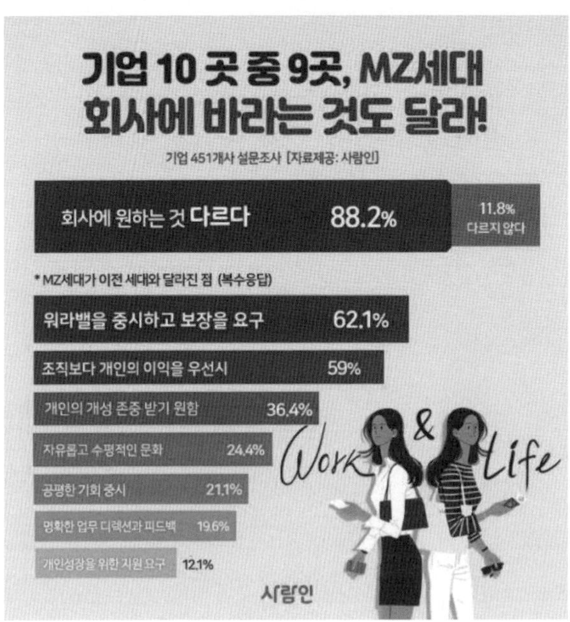
기업 10 곳 중 9곳, MZ세대
회사에 바라는 것도 달라!
기업 451개사 설문조사 [자료제공: 사람인]
회사에 원하는 것 다르다 88.2%
11.8% 다르지 않다
* MZ세대가 이전 세대와 달라진 점 (복수응답)
워라밸을 중시하고 보장을 요구 62.1%
조직보다 개인의 이익을 우선시 59%
개인의 개성 존중 받기 원함 36.4%
자유롭고 수평적인 문화 24.4%
공평한 기회 중시 21.1%
명확한 업무 디렉션과 피드백 19.6%
개인성장을 위한 지원 요구 12.1%
Work & Life
사람인

(출처: 사람인)

7장 정리

V사가 원하는 인사 평가를 위해서는 문제점을 해소하고 바라는 요소들이 작동해야 한다. 먼저 이런 부분을 해결한 다음에 시스템 도입을 검토하는 것이 순서다. 하지만 많은 기업들이 시스템 도입으로 일거에 문제를 해결하려고 시도한다. 인사 평가를 체계화하고, 베스트 프랙티스를 적용하려면 인사 시스템 도입을 시작으로 제도를 개선하는 것이 바람직하다.

부록1

KPI 사전

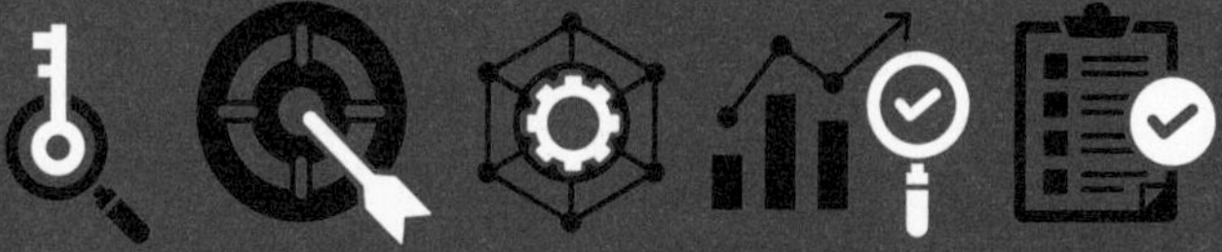

전사 전략 및 핵심 성과 지표

관점	전사 전략 목표	핵심 성과 지표(KPI)
재무적 관점	수익성 증대	영업 이익 증가율
		원가 절감
	매출량 증대	매출량 달성률
	적정 공급 비용의 유지	공급 비용 증감률
고객 관점	수요처 관리 강화	고객 만족도
		불평불만 해결 건수
	수요처의 매출 채권 관리 강화	매출 채권 회수율
	공급권역 내 타사업에 대한 대응	검토 보고 건수
	기존 수요처에 대한 수요 개발	배관 효율성
		수요 개발 실적 달성률
내부 프로세스 관점	인적 관리 강화	무재해 일수
		시설 개선 건수
		공급 중단 건수
	사회적 책임 활동 강화	사회 활동 참여 건수
		환경 활동 건수
	공급 시설 집중 투자	공급 시설 투자 달성률
	업무 프로세스 개선	제안 건수
		시스템 개선율
학습 및 성장 관점	우수 인력 양성 및 전문화	교육 훈련비 증가율
		교육 횟수
	효율적인 IT 구축 및 활용	전산 입력률
		IT 개선 건수
	즐거운 조직문화 정립	사원 만족도

핵심 성과 지표

관점	전략 목표	핵심 성공 요인(CSF)	핵심 성과 지표(KPI)
재무	매출/수익 극대화	매출 극대화	매출 목표 달성률
		수익 극대화	영업 이익 목표 달성률
			미수 채권 회수율
			당기 순이익 목표 달성률
	재무 건전화	차입 비율 감축	부채 비율 증감률
		부가 가치 극대화	노동 생산성(1인당 부가 가치)
고객	고객 개발	잠재 고객 발굴	DB 관리 잠재 고객 증가율
		영업력 강화	신규 고객 증대 목표 달성률
	고객 유지	고객 감동 경영	고객 불만사항 감축 목표 달성률
			고객 만족도 점수
	고객 증대	중복 이용률 제고	번들 상품 이용 증가율
내부 프로세스	방송 시스템 경영	지역 채널 시스템화	프로그램 제작 목표 달성률
		방송통신 시스템 안정화	무장애율
		방송통신 네트워크 안정화	전송망 품질 안정률
	경영 관리 시스템	전략 계획 시스템화	중장기 연도 전략 계획 체계화율
			부서 전략 계획 체계화율
			개인 업무 실행 계획 수립 달성률
		실행 관리 시스템화	주간 계획, 실적 달성률
			지시 업무 이행률
		성과 관리 시스템화	성과 평가 점수 증감률
학습과 성장	조직문화	조직 활성화	자가 업무 Speed&Quality 향상률
			부서간 업무 협조 노력
	정예 인력 양성	인력 최정예화	직원 교육 목표 달성률
		지식경영	지식경영 참여 목표 달성률
			제안 채택률
			제안 건수
		독서 교육	독서 제출 이행 목표 달성률

기획 부문

NO	핵심 성과 지표(KPI)	정의	산출식
1	매출액 달성률(%)	목표 매출액에 대한 실적 매출액의 달성도	실적 매출액/계획 매출액*100
2	수금 달성률(%)	수금 목표에 대한 실적 수금액의 달성도	실적 수금액/계획 수금액*100
3	손익 달성률(%)	손익 목표에 대한 실적 수금액의 달성도	실적 손익액/계획 손익액*100
4	매출 채권액(%)	현시점의 총매출 채권액	Σ매출 채권액
5	채권 회전율(%)	매출 채권에 대한 매출액의 비율	(매출액/매출 채권)*100
6	투자 집행률(%)	계획 투자 금액에 대한 집행 금액 비율	(실적 투자 금액/계획 투자 금액)*100
7	매출 원가율(%)	매출액에 대한 매출 원가 비율	(매출 원가/매출액)*100
8	매출액	매출 금액	Σ매출 금액
9	경상 이익률(%)	매출액에 대한 경상 이익 금액 비율	경상 이익액/총매출액
10	부가 가치액(원)	부가 가치 총액	세전 손익+인건비+금융비+감가 상각비+임차료+조세 공과
11	부가 가치율(%)	매출액에 대한 부가 가치액 비율	부가 가치액/매출액
12	노동 분배율(%)	부가 가치에 대한 노무비 비율	노무비/부가 가치액*100
13	부가 가치 생산원(원/인)	종업원 1인당 부가 가치 생산액	부가 가치액/상시 종업원 수
14	원가 개선율(%)	전년도 대비 금년도 매출 원가율의 변화	{1-(금년도 매출 원가율/전년도 매출 원가율)}*100
15	순이익 증가율(%)	전기 대비 금기의 순이익 증감 비율	(금기 순이익-전기 순이익)/전기 순이익*100
16	이익 달성률(%)	이익 목표에 대한 실적 달성도	(실전 이익액/목표 이익액)*100
17	납기 달성률(%)	정해진 기간 내 납품 완료한 건수 비율	(정기 납품 건수/총납품 건수)*100
18	평균 납기 지연 일수(일)	납기 지연 건수의 평균 지연 건수	총지연 일수/납기 지연 건수
19	경상 이익률 달성률(%)	목표 경상 이익률 달성 비율	실적 경상 이익률/목표 경상 이익률
20	원가 절감액(원)	실행 예산 원가 대비 집행 예산의 원가 절감 금액	실행 예산 원가-집행 예산 원가
21	품질 손실 비용 달성률(%)	품질 손실 비용의 목표 달성도	(목표 품질 손실 비용/실적 품질 손실 비용)*100
22	원가 절감 달성률(%)	원가 절감 목표의 달성도	(실적 원가 절감액/목표 원가 절감액)*100

재무 관리

NO	핵심 성과 지표(KPI)	정의	산출식
1	손익 분기점	총매출과 총비용이 일치하는 분기점	고정비/(1-변동비/매출액)
2	유동 비율(%)	유동 부채에 대한 유동 자산 비율	(유동 자산/유동 부채)*100
3	고정 비율(%)	자기 자본에 대한 고정 비율	(고정 자산+투자와 기타 자산)/자기 자본*100
4	부채 비율(%)	자기 자본에 대한 부채 비율	(부채/자기 자본)*100
5	자본 회전율(%)	자기 자본에 대한 매출액 비율	매출액/총자본, 매출액/자기 자본
6	총자본 순이익률(%)	총자본에 대한 순이익 비율	매출 이익률*총자본 회전율
7	고정 자산 회전율	고정 자산에 대한 매출액 비율	매출액/고정 자산
8	재고 회전율(%)	재고 자산에 대한 매출액 비율	매출액/재고 자산
9	재고 자산 보유일	재고 자산의 보유 일수	365/재고 회전율
10	매출 채권 회전율(%)	외상 매출에 대한 매출액 비율	매출액/(외상 매출+받을 어음)
11	매입 채무 회전율(%)	외상 매입에 대한 매출액 비율	매출액/(외상 매입+지급 어음)
12	총자본 투자 효율(%)	총자본에 대한 부가 가치 금액 비율	(부가 가치액/총자본)*100
13	이익 분배율(%)	부가 가치액에 대한 순이익 비율	(순이익액/부가 가치액)*100
14	장기 채권액(원)	1년 이상 기간의 채권액	Σ1년 이상 채권액
15	어음 부도율(%)	어음 금액에 대한 부도 어음 금액 비율	(부도 어음 금액/총어음 금액)*100
16	부실 채권액(원)	계약보다 6개월 이상 경과된 채권과 사고 또는 부도 금액의 총액	Σ부실 채권액
17	자금 수지율(%)	자금 수입에 대한 지출 실적 비율	(자금 지출 실적/자금 수입 실적)*100
18	부실 채권 금액 비율(%)	총매출 채권 중 부실 채권 금액 비율	(부실 채권액/매출 채권액)*100
19	장기 자금 조달률(%)	총자금 중 장기 조달 자금이 차지하는 비율	(장기 자금 조달액/총자금액)*100
20	대출 대비 금융 비율(%)	매출액 대비 금융 비용의 비율	(금융 비용액/매출액)*100
21	대손상각률(%)	매출 채권에 대한 대손 처리 금액	(실발생 대손 처리 금액/매출 채권 금액)*100
22	어음 발행 금액(원)	매일의 어음 발행 금액	Σ어음 밸행 금액
23	원가 차액(원)	원가 계산시 원가 차액 금액	표준 원가-실행 원가
24	결산 완료 단축일(일)	결산 업무의 완료 일자	익월 완료일-당월 완료일

인사 관리

NO	핵심 성과 지표(KPI)	정의	산출식
1	인력 증감률(%)	현재 인원 대비 현재 인원에서 전년도 인원을 뺀 인원과의 비율	(현재 인원–전년도 인원/현재 인원)*100
2	부문 간 인력 구성 비율(%)	총인원 대비 부문 인원 비율	(부문 인원/총인원)*100
3	직급 간 인력 구성 비율(%)	총인원 대비 해당 직급 인원 비율	(직급 인원/총인원)*100
4	채용 계획 인원(명)	신규 채용 계획 인원의 합계	Σ채용 계획 인원
5	채용률(%)	응시 인원 대비 채용 인원의 비율	(채용 인원/응시 인원)*100
6	응시 인원(명)	입사 지원자 수의 합계	Σ입사 지원자 수
7	채용자 수습 중 퇴사율(%)	채용 인원 대비 수습 중 퇴사 인원의 비율	(수습 중 퇴사 인원/채용 인원)*100
8	전형 비용(원)	채용 시 발생한 비용의 합계	Σ채용 시 발생한 비용
9	진급 인원 비율(%)	진급 대상자 대비 진급 인원의 비율	(진급 인원/진급 대상자)*100
10	승급 인원 비율(%)	전체 인원 대비 승급 인원의 비율	(승급 인원/전체 인원)*100
11	평균 진급 연수(년)	직급별 평균 진급 소요 연한	Σ진급자 진급 소요 연한/진급자 수
12	배치 전환 인원률(%)	총인원 대비 배치 전환 인원의 비율	(배치 전환 인원/총인원)*100
13	입사율(%)	당년 평균 인원 대비 입사 인원의 비율	당년 입사 인원/(전년말 인원+당해 연말 인원)/2*100
14	퇴사율(%)	당년 평균 인원 대비 퇴사 인원의 비율	당년 퇴사 인원/(전년말 인원+당해 연말인원)/2*100
15	직급별 인원 수(명)	직급별 인원 수	Σ직급별 인원
16	직급별 평균 연령(세)	직급별 평균 연령	Σ직급별 개인 연령/직급별 인원
17	직급별 평균 근속 연수(년)	직급별 평균 근속 연수	Σ직급별 개인 근속 연수/직급별 인원
18	동종업계 평균 근속 연수(년)	동종업계의 평균 근속 연수	Σ동종업계 재직 인원 근속 연수/재직 인원
19	포상 인원 수(명)	포상 인원의 합계	Σ포상 인원
20	징계 인원 수(명)	징계 인원의 합계	Σ징계 인원
21	근태 사고율(%)	일정 기간 동안의 근무 일수 대비 근태 사고 일수의 비율*100	(근태 사고 건수/근무 일수)*100
22	월차 휴가 사용률(%)	총인원 대비 월차 휴가자 사용자에 대한 비율	(월차 휴가 사용자 수/총인원)*100
23	임금 협상안 추가 부담액(원)	임금 협상안 추가 부담액의 합계	Σ임금 협상안 추가 부담액

24	단체 협상안 추가 부담액(원)	단체 협상안 추가 부담액의 합계	Σ단체 협상안 추가 부담액
25	임금 인상률(%)	전년도 평균 임금 대비 금년도 인상된 임금과의 비율	{(금년도 평균 임금-전년도 평균 임금)/전년도 평균 임금}*100
26	당사/동종업체 임금 대비율(%)	당사 평균 임금 대비 동종업체 평균 임금의 비율	{(당사의 평균 임금-동종업체 평균임금)/당사의평균 임금}*100
27	1인당 인건비(원)	연평균 인원 대비 인건비에 대한 비율	Σ인건비/연평균 인원
28	인건비 비율(%)	매출액 대비 인건비의 비율	Σ인건비/매출액*100
29	임금 계산 오류 건수(건)	급여 착오 지급 건수의 합계	Σ급여 착오 지급 건수
30	인건비 총액(원)	인건비 합계 금액	Σ인건비

노무 관리

NO	핵심 성과 지표(KPI)	정의	산출식
1	학자 보조금 지급 건수(건)	학자 보조금 지급 건수의 합계	Σ학자 보조금지급 건수
2	학자 보조금 지급 금액(원)	학자 보조금 지급 금액의 합계	Σ학자 보조금 지급 금액
3	의료 보험금 납입 금액(원)	의료 보험 납임 금액의 합계	Σ의료 보험 납입 금액
4	국민연금 납입 금액(원)	국민연금 납임 금액의 합계	Σ국민연금 납입 금액
5	저축 가입자 수(명)	저축 가입 인원 수의 합계	Σ저축 가입 인원 수
6	저축 가입 금액(원)	저축 가입 금액의 합계	Σ저축 가입 금액
7	요양 신청 건수(건)	산재 환자 요양 신청 건수의 합계	Σ산재 환자 요양 신청 건수
8	요양 급여 신청 건수(건)	산재 환자 요양 신청 건수의 합계	Σ산재 환자 요양 신청 건수
9	평균 임금 산정 건수(건)	산재 환자 평균 임금 산정 건수의 합계	Σ산재 환자 평균 임금 산정 건수
10	휴업 급여 신청 건수(건)	산재 환자 휴업 급여 신청 건수의 합계	Σ산재 환자 휴업 급여 신청 건수
11	생계 보조비 지급 금액(원)	산재 환자 생계 보조비 지급 금액의 합계	Σ산재 환자 생계 보조비 지급 금액
12	산재 환자 면담 건수(건)	산재 환자 면담 건수의 합계	Σ산재 환자 면담 건수
13	소송 업무 지원 건수(건)	소송 업무 지원 건수의 합계	Σ소송 업무의 지원 건수
14	고용 보험 자격 취득 건수(건)	고용 보험 자격 취득 건수의 합계	Σ고용 보험 자격 취득 건수
15	고용 보험 자격 상실 신고 건수(건)	고용 보험 자격 상실 건수의 합계	Σ고용 보험 자격 상실 건수
16	연말 정산 수정 건수(건)	착오 정산 수정 신고 건수의 합계	Σ착오 정산 수정 신고 건수
17	해외 여비 총액(원)	해외 출장.연수비 총액	Σ해외 출장 여비
18	해외 출국 인원(명)	해외 출장 인원의 합계	Σ해외 출장 인원
19	종퇴 보험 가입 비율(%)	퇴직 충당금 사외 예치 비율	(퇴직 충당금 사외 예치 금액/퇴직 충당금 총액)*100
20	단체 정기 보험 수혜 건수(건)	단체 정기 보험 수혜 건수의 비율	Σ단체 정기 보험 수혜 건수
21	단체 정기 보험 수혜 금액(원)	단체 정기 보험 수혜 건수의 합계	Σ단체 정기 보험 수혜 금액
22	보장 보험 불입 금액(원)	보장 보험 불입 금액의 합계	Σ보장 보험 불입 금액
23	경조금 지급 건수(건)	경조금 지급 건수의 합계	Σ경조금 지급 건수

24	경조금 지급 금액(원)	경조금 지급 금액의 합계	Σ경조금 지급 금액
25	국민연금 가입 인원 수(명)	국민연금 납입 금액의 합계	Σ국민 연금 가입 인원
26	국민연금 탈퇴 회원 수(명)	국민연금 탈퇴 인원 수 합계	Σ국민 연금 탈퇴 인원
27	국민연금 지연 납부 금액(원)	국민연금 지연 납부 금액 합계	Σ국민 연금 지연 납부 금액
28	의료 보험 가입 인원 수(명)	의료 보험 가입 인원 수 합계	Σ의료 보험 가입 인원 수
29	의료 보험 탈퇴 인원 수(명)	의료 보험 탈퇴 인원 수 합계	Σ의료 보험 탈퇴 인원 수
30	의료 보험 지연 납입 금액(원)	의료 보험 지연 납입 금액 합계	Σ의료 보험 지연 납부 금액
31	신원 보증 보험 가입 인원 수(일반직)(명)	신원 보증 보험 가입 인원 합계	Σ신원 보증 보험 가입 인원
32	신원 보증 보험 가입 금액(일반직)(원)	신원 보증 보험 가입 금액 합계	Σ신원 보증 보험 가입 금액
33	신원 보증 보험 가입 인원 수(금전 취득직)(명)	금전 취급직 신원 보증 보험 가입 인원 합계	Σ금전 취급직 신원 보증 보험 가입 인원
34	신원 보증 보험 가입 금액(금전 취득직)(원)	금전 취급직 신원 보증 보험 가입 금액 합계	Σ금전 취급직 신원 보증 보험 가입 금액
35	건강 진단 실시율(일반/특수)(%)	건강 진단 수검자 비율	(수검 인원/건강 진단 대상 인원)*100
36	건강 이상 발생률(%)	건강 진단 결과 환자 발생자 비율	(건강 이상 발생자/건강 진단자)*100
37	인당 보건 교육 시간	보건/건강 관련 인당 교육 시간	(Σ교육 시간/총대상자 수)
38	식당 점검 이상 조치율(%)	식당 점검 시 지적된 이상 건수에 대한 조치 건수 비율	(점검 조치 건수/점검 시 이상 건수)*100
39	인당 건강 진단 비용(원)	건강 진단 실시에 사용된 인당 비용	건강 진단 비용/수검 인원 수
40	건강 관리실 운영비(원)	건강 관리실 운영에 소요되는 비용	건강 관리실 운영비

교육 훈련

NO	핵심 성과 지표(KPI)	정의	산출식
1	교육 인원 증감률(%)	기준 연도 교육 인원과 대비 연도 교육 인원의 증감 비율	(대비 연도 교육 인원/기준 연도 교육 인원)*100
2	교육비 증감률(%)	기준 연도 교육비와 대비 연도 교육비의 증감 비율	(대비 연도 교육비/기준 연도 교육비)*100
3	교육 훈련 계획 인원 수(명)	당해 연도 과정별 교육 인원 수의 합계	연간 과정별 교육 인원 수
4	총교육 훈련비(원)	연간 교육 훈련비의 합계	Σ연간 과정별 교육 훈련비
5	총교육 과정 수(과정)	교육 과정 수의 합계	Σ당해 연도 교육 계획 과정 수
6	과정 개발 수(과정)	자체 개발 과정 수의 합계	Σ자체 개발 과정 수
7	개별 과정 수료 인원(명)	개발 과정 최종 수료 인원의 합계	Σ개별 과정 최종 수료 인원
8	개별 과정 교육비 지출 총액(원)	개별 과정의 교육비 지출 금액의 합계	Σ개별 과정 예산 항목별 지출액
9	개별 과정 인당 교육비(원)	개별 과정의 교육비 지출 금액의 합계	과정 총교육비/교육 인원
10	사내 강사 확보 수(명)	사내 강사 등록 인원의 합계	Σ사내 강사 등록 인원 수
11	사내 강사 확보율(%)	총인원 수와 사내 강사 등록 인원 수 대비율	(사내 강사 등록 인원 수/총인원 수)*100
12	사내 강사 활용률(%)	과정 총교육 시간 중 사내 강사 강의 시간 비율	(사내 강사 강의 시간/사내 과정 총교육 시간)*100
13	인당 교육 과정 수	교육 전담 인원 수와 교육 과정 수의 비율	교육 과정 수/교육 전담 인원 수
14	본부별 교육비 배정액(원)	본부별로 교육비가 배정된 금액	Σ본부별 교육비 배정액
15	교육 수혜율(%)	종업원 중 교육 수료 인원 수의 비율	(교육 수료 인원 총수/종업원 수)*100
16	교육 계획 실시율(%)	교육 계획 인원 수 대비 교육 이수 인원 수의 비율	(교육 실적 인원/교육 계획 인원)*100
17	교육 훈련 총시간(Hr)	과정별 인당 교육 시간의 합계	Σ과정별 인당 교육 훈련 시간
18	인당 교육 시간(Hr)	1인당 교육 훈련 시간	교육 훈련 총시간/종업원 수
19	교육 훈련비 지출 총액(원)	계정 과목별 집행액의 합계	Σ계정 과목별 집행액
20	교육 훈련 투자율(%)	매출액 대비 총교육비의 비율	(당해 연도 총교육비/당해 연도 매출액)*100
21	인당 교육비(원)	1인당 평균 교육비	대비 연도 총교육비/종업원 수

22	교육 시설 활용률(%)	사용 가능 총 일수에 대한 실사용일 수의 비율	Σ계정 과목별 집행액
23	교육 식수 인원(명)	배식 시간대별 식수 인원의 합계	Σ배식 시간대별 식수 인원
24	교육 급식비 지출 총액(원)	급식비 지출액의 합계	운영 경비+(식수 인원*식단가)
25	숙소 사용 수(개)	숙소 사용 수의 합계	Σ숙소 사용 수
26	교육 용역비 지급 총액(원)	용역비의 합계	Σ용역비
27	개인별 교육 평가 점수(점)	과정별, 과목별, 개인별 평가 점수	평가 점수
28	교육 만족도(점)	교육 수료 후 설문 조사 결과 만족도 점수	과정 만족도/교육 수강 인원

영업 관리

NO	핵심 성과 지표(KPI)	정의	산출식
1	수주율(%)	생산 능력 대비 수주 물량	(수주량/생산 능력)*100
2	매출액 달성도(%)	매출 목표에 대한 달성도	(실적 매출/계획 매출)*100
3	매출 영업액 이익률(%)	매출액 대비 세전 이익 금액 비율	(세전영업 이익/매출액)*100
4	판가 유지율(%)	목표 판가대로 팔리고 있는 정도	(실적 판가/목표 판가)*100
5	제품 재고 회전 기간(회)	연간 기준으로 제품 제고 회전 기간	365/(매출/제품 재고)
6	고정 계약률(%)	고정으로 발생하는 매출 비율	(고정 계약 금액/매출액)*100
7	신시장 개척률	신규 시장에서 발생한 매출 비율	(신시장 매출액/총매출액)*100
8	수요 예측 정확도(%)	예측 수주 건수 대비 확정 수주 건수 비율	(확정 수주 건수/예측 수주 건수)*100
9	판매 예측 정확도(%)	예측 판매량 대비 실제 판매량의 비율	(실적 판매량/예측 판매량)*100
10	Order 변경률(%)	Order 변경 비율	[{Σ(Order 수량-W/O 수량)}/ΣOrder 수량]*100
11	매출 채권 회전 기간(회)	연간 기준으로 매출 채권의 회전 기간	365/(매출/매출 채권)
12	부실 채권 금액(원)	부실 채권 발생 총금액	Σ부실 채권 금액

13	주문 Cycle Time(hr)	주문에서 출하까지 소요되는 기간	Σ제조 시간/주문 수량
14	VOC 응답 기간(hr)	고객의 소리 접수에서 응답까지의 시간	Σ응답 시간/VOC
15	고객 납기 준수율(%)	수주 건수에 대한 납기 준수 비율	(납기 미준수 건수/수주 총건수)*100
16	우수 고객 증가율(%)	우수 고객의 증가 비율	(기말 우수 고객 수-기초 우수 고객 수)/기초 우수 고객 수*100
17	Claim율(%)	판매 건수 대비 Claim 건수 비율	(Claim 건수/판매 건수)*100
18	신제품 영업 이익률(%)	신제품 판매 금액 대비 이익 발생 비율	(신제품 영업 이익/신제품 매출액)*100
19	신제품 매출 성장률(%)	전월 대비 당월의 신제품 매출 성장 비율	[1-(당월 신제품 매출액/전월 신제품 매출액)]*100
20	신제품 판매 점유율(%)	총매출에서 신제품 매출이 차지하는 비율	(신제품 매출/총매출)*100

정보 관리

NO	핵심 성과 지표(KPI)	정의	산출식
1	정보화 투자 계획 금액(원)	정보화 연간 투자 요청 예산 관리	Σ투자 계획 금액
2	정보화 투자 예산 집행 금액(원)	정보화 투자 당해 연도 집행 실적	Σ투자 예산 집행 금액
3	당해 연도 투자 예산 대비 집행 실적의 비율	당해 연도 투자 예산 대비 집행 실적의 비율	(투자 집행 금액/투자 승인 예산)*100
4	전산 교육 실시 관리	전산 교육 실시 관리	Σ전산 교육 실시 시간
5	정보 관련 표준화 완료 건수	정보 관련 표준화 완료 건수	Σ표준화 건수
6	정보 시스템 품질 평가 건수	정보 시스템 품질 평가 건수	Σ정보 시스템 품질 평가 건수
7	HW/SW 도입 검토 건수(건)	HW/SW 투자 관련 타당성 검토 건수	ΣHW/SW 도입 검토 건수
8	HW/SW 설치 건수(건)	HW/SW 설치 건수	ΣHW/SW 설치 건수
9	시스템 응답 속도 향상률(%)	시스템 응답 속도 향상 실적 비율	(기존 속도-개선 후 속도)/개선 후 속도)*100

10	시스템 응답 속도 개선 건수(건)	시스템 응답 속도 개선 건수	Σ시스템 응답 속도 개선 완료 건수
11	정비 보수 실시 건수(건)	전산 장비 정비 보수를 위한 횟수	Σ정비 보수 실시 건수
12	연간 정비 보수 계약 금액(원)	전산 장비 정보 보수 용역 계약 금액	Σ정비 보수 계약 금액
13	시스템 장애율(%)	시스템 장애를 일으키는 비율	Σ(장애 시간/가동 시간)*100
14	HW/SW 보유 수량(종)	HW/SW를 보유한 수량	ΣHW/SW 보유 수량
15	사용자 등록/변경 처리 건수(건)	사용자 등록/변경 현황 관리	Σ사용자 권한 등록/변경
16	백업, 복구 처리 횟수(회)	데이터 백업,복구 처리한 횟수 관리	Σ백업, 복구 처리 횟수
17	시스템 사용 시간(Hr)	시스템을 사용한 시간	시스템 사용 시간
18	데이터 백업 횟수(회)	데이터 백업 처리한 횟수	Σ데이터 백업 횟수
19	Batchjob 처리 건수(건)	Batchjob 처리 건수	ΣBatchjob 처리 지원 횟수
20	출력물 처리 건수(건)	주전산실 내 출력물 처리 횟수	Σ출력물 처리 건수
21	전산 소모품 예산 집행률(%)	전산 소모품 예산 대비 집행 실적률	(집행 금액/연간 예산)*100
22	전산 소모품 재고 금액(원)	전산 소모품 재고 현황을 금액화	Σ전산 소모품 재고 금액
23	건당 복구 소요 시간(Hr)	건당 복구 소요 시간 관리	장애 시간/복구 건수
24	PC 구입 요청 대수(대)	PC 구입 요청 현황	PC 구입 요청 대수
25	PC 보급 대수(대)	PC 보급 현황	ΣPC 보급 대수
26	HW 불용 처리 대수(대)	HW 사용 불가를 불용 처리한 현황	ΣHW 불용 처리 대수
27	PC 이전, 회수 대수(대)	PC 이전, 회수 수량	ΣPC 이전, 회수 대수
28	정비 보수 실시 건수(건)	시스템 정비 보수 실시 현황	Σ정비 보수 실시 건수
29	자산 취득 누계 금액(원)	PC 및 주변 기기 자산 취득 금액	Σ자산 취득 누계 금액
30	PC 보급률(%)	사무실 근무자의 PC 보급 비율	(PC 보유 대수/사무실 근무자 수)*100
31	NWIP 주소 수량(건)	Network IP 주소 관리 수량	ΣNWIP 주소수량
32	전용 회선 사용료(원)	국내외 전용 회선 사용 요금	Σ전용 회선 사용료
33	외부 통신망 사용료(원)	국내외 통신망 사용 요금	Σ외부 통신망 사용료
34	PC통신 ID당 사용료(원)	PC 통신 ID당 사용료	사용료/ID 수
35	PC통신 사용자 ID 수(개)	PC통신을 이용하는 사용자의 ID수	PC통신 사용자 ID수

36	해외망 사용료(원)	해외망을 이용한 사용 요금	Σ해외망 사용료
37	해외망 사용 시간(Hr)	해외망을 이용한 사용 시간	Σ해외망 사용 시간
38	전화 접속 네트워크 ID 수(개)	전화접속 네트워크 사용 등록자 수	Σ전화접속 네트워크 사용자 ID 수
39	전화접속 네트워크 사용 시간(Hr)	네트워크 사용 현황 관리	Σ전화접속 네트워크 총사용 시간
40	인터넷 홈페이지 접속 횟수(회)	인터넷 홈페이지에 월별 접속한 횟수	Σ인터넷 홈페이지 접속 횟수
41	인트라넷 접속 횟수(회)	인트라넷 홈페이지에 월별 접속한 횟수	Σ인트라넷 접속 횟수
42	인터넷 개발/수정 페이지 수(건)	인터넷 개발 및 수정한 페이지 수	Σ인터넷 개발/수정 페이지 수
43	인트라넷 개발/수정 페이지 수(건)	인트라넷 개발/수정한 페이지 수	Σ인트라넷 개발/수정 페이지 수
44	인터넷 질의 접수 건수(건)	인터넷 관련 질문 접수 건수	Σ인터넷 질의 접수 건수
45	인터넷 질의 건당 응답 처리 시간(Hr)	인터넷 질의 건당 응답 처리 시간	응답 소요 시간/질의 건수
46	소스 코드 보유본 수(건)	SW 소스 코드한 보유본 수	Σ소스 코드 보유본 수
47	개발 PJT 접수 건수(건)	개발 요청된 PJT의 작업 진행 정도 파악	Σ개발 PJT 접수 건수
48	개발 PJT 타당성 검토 건수(건)	개발 요청건의 타당성 검토를 한 건수	Σ개발 PJT 타당성 검토 건수
49	개발 PJT 작업 진척도(%)	개발 PJT의 작업 진행 정도 파악	Σ(투입 일수/전체 소요일 수)*100
50	업무 분석 투입 M/H(Hr)	개발을 위한 대상 업무 분석에 투입된 M/H	Σ업무 분석 투입 시간
51	업무 분석 작업 진척도(%)	개발을 위한 소요 예상 총일수 대비 실투입일 수	Σ(투입일 수/소요일 수)*100
52	입출력 설계 화면 수(건)	입력 및 출력 화면을 설계한 화면 수	Σ입출력 설계 화면 수
53	CODING 작업 투입 시간(건)	CODING 작업에 투입된 시간	CODING 작업 투입 시간
54	CODING 작업 진척도(%)	CODING 작업의 진척률	Σ(투입일 수/소요일 수)*100
55	기본 설계 투입 시간(Hr)	기본 설계 과정에 투입된 시간	Σ기본 설계 투입 시간
56	기본 설계 작업 진척도(%)	기본 설계에 따른 작업 진도율	(투입일 수/소요일 수)*100
57	상세 설계 투입 시간(Hr)	상세 설계 과정에 투입된 시간	Σ상세 설계 투입 시간
58	상세 설계 작업 진척도(%)	상세 설계에 따른 작업 진척도율	Σ(투입일 수/소요일 수)*100

59	PGM 수정 보완 건수(건)	개발 완료 프로그램의 수정 보완 건수	ΣPGM 수정 보완 건수
60	매뉴얼 작성 건수(건)	각종 매뉴얼 작성 건수	Σ매뉴얼 제작 건수
61	매뉴얼 작성 투입 시간(Hr)	각종 매뉴얼 작성에 투입된 시간	Σ매뉴얼 작성 투입 시간
62	개발 PJT 총투입 시간(Hr)	개발 PJT에 투입된 총투입 시간	Σ개발 PJT 총투입 시간
63	개발 PJT 총투입 비용(원)	개발 PJT에 투입된 총투입 비용	Σ개발 PJT 총투입 비용
64	개발 PJT 소요 시간(Hr)	개발 PJT에 투입된 총투입 시간	Σ개발 PJT 소요 시간
65	개발 PJT 투입 인원 수(명)	개발 PJT에 투입된 총인원 수	Σ개발 PJT 투입 인원 수
66	PGM 유지 보수 건수(건)	프로그램 유지 보수를 수행한 건수	ΣPGM 유지 보수 건수
67	PGM 유지 보수 투입 시간(Hr)	프로그램 유지 보수에 투입된 총시간	ΣPGM 유지 보수 투입 시간
68	고객 요구 사항 총접수 건수(건)	고객이 요구 한내용을 접수한 총건수	Σ고객 요구 사항 총접수 건수
69	개발 요구 접수 건수(건)	고객 요구 사항 중 개발 확정된 접수 총건수	Σ개발 요구 접수 건수
70	구매 요구 접수 건수(건)	고객 요구 구매 사항을 접수한 총건수	Σ구매 요구 접수 건수
71	A/S 요청 접수 건수(건)	고객 요구 A/S 요청 사항을 접수한 총건수	ΣA/S 요청 접수 건수
72	불만 사항 접수 건수(건)	고객 불만족 사항을 접수한 총건수	Σ불만 사항 접수 건수
73	개발 PJT 완료 건수(건)	개발 완료한 PJT의 총건수	Σ개발 PJT 완료 건수
74	A/S 조치율(%)	A/S 요청된 사항 해결 조치율	(해결 건수/접수 건수)*100
75	A/S 건당 조치 시간(Hr)	A/S 건당 조치 처리 시간	조치 시간/조치 건수

구매 및 협력 업체 관리

NO	핵심 성과 지표(KPI)	정의	산출식
1	원가 절감액(원)	원가를 절감한 금액	(전기 구매 단가-단기 구매 단가)*100
2	원가 절감률(%)	구매 예산과 절감액과의 비율	(절감액/구매 예산)*100
3	구매 실적 금액(원)	구매를 수행한 계약 총금액	Σ품목별 금액
4	협력 업체 수(업체)	협력 업체로 지정된 업체 수	Σ협력 업체 수
5	거래 등록 업체 수(업체)	등록 업체 명부에 등재된 거래 업체 수	Σ등록 거래 업체 수
6	협력 업체 납기 준수율(%)	구매, 외주품의 납기 준수 비율	(납기 내 입고(납품) 품목 수/입고(납품) 품목 수)*100
7	품질 문제 발생 건수(건)	구매, 외주품의 원인으로 발생한 품질 문제 발생 건수	Σ품질 문제 발생 건수
8	품질 손실 비용(원)	구매품 부적합으로 발생한 당사 손실 비용 발생액	Σ항목별 발생 금액

자재 관리

NO	성과 지표(KPI)	정의	산출식
1	목표 재고 달성률(%)	재고 실적 대비 목표 재고 비율	(목표 재고/재고 실적)*100
2	인당 입고 처리 금액(원)	1인당 입고 처리 금액	입고 금액/총인원
3	인당 출고 처리 금액(원)	1인당 출고 처리 금액	월 출고 금액/월 총인원
4	품절 발생 건수(건)	자재 반입 아이템 중 부족 입고 건수 합계	Σ품절 건수
5	과다 입고 발생 건수(건)	자재 반입 아이템 중 과다 입고 발생 건수 합계	Σ과다 입고 건수
6	품질 손상률(%)	재고품 중 품질 손상품의 비율	품질 손상 자재 금액/재고 금액
7	검사 의뢰 누락률(%)	반입 자재에 대한 검사 의뢰 누락 건수	(검사 의뢰 누락 건수/자재 반입 건수)*100
8	NCR 발생률(%)	검사 의뢰 건수 중 NCR 발생 비율	(NCR 발생 건수/검사 의뢰 건수)*100

9	NCR 해결률(%)	발생 NCR 해결 비율	(NCR 해결 건수/NCR 발생 건수)*100
10	장기 미검사 품목 수(건)	장기 미검사 아이템의 건수	Σ장기 미검사 품목 수
11	납기 준수율(%)	납품 예정 아이템의 납기 준수 비율	(준수 l아이템 수량/납품 예정 아이템 수량)*100
12	납기 미준수율(%)	납품 아이템의 납기 미준수 비율	(미준수 아이템 수량/납품 아이템 수량)*100
13	재고 회전율(회)	재고 금액 대비 출고 금액 비율	월 출고 금액/월 평균 재고액
14	장기 재고 처리 건수(건)	장기 재고 실소요일 파악 및 출고 건수	Σ장기 재고 처리 건수
15	재고 보유일 수(일)	실제 재고 보유 기간	365/재고 회전율
16	장기 재고 점유율(%)	재고 금액 대비 장기 재고 금액 비율	(장기 재고 금액(91일 이상)/재고 금액)*100
17	잉여 재고율(%)	재고 금액 대비 잉여 재고 비율	(잉여 재고 금액/재고 금액)*100
18	불용 자재 발생율(%)	자재 입고 대비 불용 자재 발생 비율	(불용 자재 금액/반기 입고 금액)*100
19	불용 매각 대상 발췌 건수(건)	용도 소멸재 및 불용 매각 처리 건수 합계	Σ불용 자재 매각 처리 건수
20	재물 조사 차이율(%)	재물 조사 시 재고 차이 비율	(재고 차이 금액/재고 금액)*100
21	자재 원 단위	제품별 자재 사용 현황을 원 단위로 나타냄	각 종별 단위 생산량/자재 소요량
22	안전 재고량(일수)	자재 소요 및 조달 차이 발생 시 대체 보완 자재량(일수)	자재별 안전 재고량(일수)
23	장기 재고 금액 비율(%)	장기 재고(90일 이상) 보유 비율	(장기 재고 금액/재고 금액)*100
24	자재 식별 표시 미이행 건수(건)	자재 식별 표시 미이행으로 지적 당한 건수	Σ자재 식별 표시 미이행 건수
25	재고 금액(원)	입고 후 미불출 자재 금액	Σ재고 금액
26	재고율(%)	계획 재고 대비 실적 재고 비율	(실적 재고/계획 재고)*100

생산 및 공정 관리

NO	핵심 성과 지표(KPI)	정의	산출식
1	공장 부하율(%)	공장의 총보유 CAPA 대비 공장에 부가된 LOAD 비율	(공장 LOAD/공장 CAPA)*100
2	생산 부하율(%)	월간, 중/장기 부하율	(계획 수량/생산 능력)*100
3	납기 달성률(%)	생산 제품의 납기 달성률	(실생산 납기 건수/계획 납기 건수)*100
4	재고품률(%)	총투입 자재 대비 재고품 비율	(재고 금액/총투입 자재 금액)*100
5	작업 공수 효율(%)	조립 표준 공수 기준 실조립 작업 공수 비율	(조립 표준 공수/조립 작업 공수)*100
6	생산 실적 달성률(%)	생산 계획 대비 생산 실적 달성도	(생산 실적/생산 계획)*100
7	외주 인력 활용률(%)	외주 투입 인력의 계획대 실적 비율	(외주 투입 인력/총투입 인력)*100
8	납기 준수율(%)	총생산 완료 건수 중 납기 준수 건수	(납기 준수 건수/생산 완료 건수)*100
9	품질 부적합품률(%)	공정에서 발생하는 부적합 발생 비율	(부적합 대수/생산 대수)*100
10	전력 원 단위(Kwh/Ton)	단위 생산량에 대한 전력 사용량	Σ전력 사용량/생산량
11	재해율(%)	연간 재해 발생 비율	(재해 건수/평균 근로자 수)*100
12	5S 활동 평가 점수	5S 활동의 평가점	Σ평가점
13	유류 원 단위(Kg/Ton)	단위 생산량에 대한 에너지 사용량 단위	유류 사용량/생산량(Ton)
14	설비 종합 효율(%)	설비가 시간적으로 성능/품질면에서 얼마나 유효하게 관리되고 있는가의 효율	시간 가동률*성능 가동률*양품률
15	설비 M/H 활용률(%)	생산 현장의 간접 인력 활용 비율	(간접 M/H/총투입 M/H)*100
16	공정 준수율(%)	계약 납기 일정의 준수 여부를 평가하는 척도	(납기 준수 아이템 수/해당 기간 대상 아이템 수)*100
17	인당 부가 가치(원)	인력을 투입하여 가치적 산출물을 얼마만큼 만들어 내느냐를 평가하는 척도	(부가 가치/인원)
18	노동장비율(%)	종업원 수 대비 유형 고정 자산 비율	(유형 고정 자산(설비 자산)/종업원 수)
19	설비 투자 효율(%)	설비 자산이 부가 가치에 기여한 비율	(부가 가치/유형 고정 자산)*100

20	실동률(%)	근무한 공수 중에 작업을 할 수 없는 공수를 뺀 실제로 작업에 임한 공수 비율	(실동 공수/취업 공수)
21	실동 공수 효율(%)	현장 작업자가 실제로 생산에 임한 일을 공수와 생산하여 회수한 공수의 비율	(표준 공수/실동 공수)
22	표준 시간 감소율(%)	기준 기간 생산 능률 향상 비율	기준 기간 표준 시간-당해 기간 표준 시간/기준 기간 표준 시간*100
23	생산 능률 향상률(%)	작업자의 생산 능률 향상 비율	당해 기간 생산 능률/기준 기간 생산 능률*(1-S/T 감소율)
24	1인당 부가 가치액(원)	1인당 부가 가치 창출액	부가 가치액/종업원 수
25	1인당 생산액(원)	생산액에 대한 종업원 수 비율	생산액/종업원 수
26	1인당 경상 이익(원)	경상 이익에 대한 종업원 수 비율	경상 이익액/종업원 수
27	1인당 인건비(원)	인건비에 대한 종업원 수 비율	인건비/종업원 수
28	부가 가치율	부가 가치에 대한 생산액(매출액) 비율	(부가 가치/매출액)*100
29	손익 분기점 생산량	손익 분기점이 발생하는 생산량	고정비/(1-변동비/생산액)
30	수율(%)	생산량에 대한 투입 재료량 비율	완제품 생산량/투입 자재량
31	고장 정지 손실액	고장 정지로 인한 손실 금액 고장 정지 시간*시간 단가	(재생산+격외품+폐각품)/생산량
32	물량 대기율	물량 대기로 인한 설비 가동 정지율	(물품 대기/설비 가동 총시간)
33	준비 교체율	CAPA 시간 대비 준비 교체 시간 비율	(준비 교체 시간/CAPA)*100
34	L/T 단축률	표준 LEAD TIME에 대한 실적 LEAD TIME 비율	(표준 L/T-목표 L/T/표준 L/T)*100
35	안전 재고량	품절을 예방하기 위해 최적으로 확보해야 할 재고량	안전 계수*표준 편차
36	공정 재공 감소율	공정 중에 있는 재공품 금액	Σ재공 감소율
37	인적 효율	표준 공수에 대한 작업 공수 비율	(표준 공수/작업 공수)*100
38	표준 효율	표준 공수에 대한 실동 공수 비율	표준 공수/시동 공수)*100
39	인적 LOSS 금액	인적 LOSS에 대한 손실 금액	(관리 LOSS+작업 LOSS)*직접 공수 시간 임율

클레임 처리

NO	성과 지표(KPI)	정의	산출식
1	클레임 발생 건수(건)	보증 기간 내 공급 설비의 클레임 누계 발생 건수	Σ클레임 발생 건수
2	클레임 처리비(원)	클레임을 처리하는 데 소요된 재료비, 노무비, 경비 누계	Σ클레임 건별 처리 금액
3	서비스 즉응률(%)	서비스 요청 시 기준 시한 내 대응 비율	(기준 시간 내 대응 건수/서비스 요청 건수)*100
4	평균 수리 소요 시간(Hr)	고장 요소별 수리에 소요된 평균 수리 기간	Σ수리 시간/수리 건수
5	평균 수리 소요 시간(Hr)	기준 시간 또는 약속시간 내 수리 완료 비율	(기준 시간, 약속시간 내 수리 건수/수리 건수)*100
6	수리 만족률(%)	수리 결과에 만족하는 비율	(수리 만족 건수/수리 건수)*100
7	보증 기간 내 서비스 건수(건)	보증 기간 내 서비스 누계 건수	Σ보증 기간 내 서비스 건수
8	보증 기간 후 서비스 건수(건)	보증 기간 후 서비스 누계 건수	Σ보증 기간 후 서비스 건수
9	서비스 계획 달성률(%)	서비스 실시 계획, 목표 대비 실시 비율	(서비스 실시 실적/서비스 실시 계획)*100
10	유저 미스 클레임 건수(건)	클레임 중 유저 미스로 인한 클레임 건수	Σ유저 미스 클레임 건수
11	제조물 책임 클레임 건수(건)	제조 부문의 실수로 인한 클레임 건수	Σ제조물 책임 클레임 건수
12	설계 책임 클레임 건수(건)	설계 부문의 실수로 인한 클레임 건수	Σ설계 귀책 클레임 건수
13	건당 클레임 처리비(원)	한 건당 평균 클레임 처리 비용	Σ클레임 처리 비용/클레임 건수
14	건당 클레임 처리 기간(Hr)	한 건당 평균 클레임 처리 기간	Σ클레임 처리 기간/클레임 건수
15	리콜 처리 금액(원)	리콜로 인한 소요 총비용	Σ리콜 처리 비용

안전 관리

NO	성과 지표(KPI)	정의	산출식
1	재해율(%)	상시 근로자 중 재해 발생자 비율	(재해자 수/상시근로자 수)*100
2	자율 안전 관리 활동 종합 평점(점)	자율 안전 관리 활동에 대한 항목별 평가	Σ항목별 평가 점수
3	잠재 재해 발굴 건수(건)	위험이 잠재되어 있는 요소를 발굴하여 사전 제거하는 활동	Σ발굴 건수
4	산업 재해 보험금 부율(%)	산업 재해 보험료 대비 보험금의 비율	(산업 재해 보험 급여율/산업 재해 보험료)
5	안전 교육 시간(시간)	안전 관련 1인당 교육 시간	Σ교육 시간/교육 대상자 수
6	안전 경고장 발행 건수(건)	안전에 위배되는 행동과 작업에 대한 조치	Σ발행 건수
7	무재해 달성일(일)	안전 사고 없는 생산 작업일의 누적치	Σ무재해일
8	안전 사고 건수(건)	안전 사고 발생 총건수	Σ사고 건수
9	위험물 인허가율(%)	위험물 인허가 요청 건수 대비 인허가율	(인허가 건수/인허가 요청 건수)*100
10	근로 손실일(일)	안전 사고로 인한 휴업 손실일 수	Σ근로 손실일
11	재해 강도율(%)	1,000시간 동안의 재해 손실일 수	(근로 손실일 수/총근로 시간)*1,000
12	재해 도수율(%)	1,000,000시간 동안의 재해 발생 빈도	(재해 건수/총근로 시간)*1,000,000
13	중대 재해 건수(건)	진단 3개월 이상 중대 재해 발생 건수	Σ중대 재해 건수
14	산재 손실 금액(원)	산업 재해로 인한 직, 간접 손실 비용	Σ직, 간접 손실 비용
15	무재해 달성률(%)	무재해 목표 달성도	무재해 실적일/무재해 달성 목표일
16	안전 관리 전문 교육 이수자 수(명)	외부 안전 관리 전문가 교육 이수자	Σ교육 이수자
17	인당 보호구 구입 비용(원)	안전을 위한 1인당 보호구 구입 비용	보호구 구입비/착용 대상자
18	기상 재해 피해 금액(원)	기상 재해로 인한 피해 금액	Σ피해 금액
19	재해 휴업률(%)	재해 발생으로 인한 휴업 비율	(재해로 인한 휴업일 수/총노동일 수)*100

품질 평가 및 검사

NO	핵심 성과 지표(KPI)	정의	산출식
1	품질 검사원 수(명)	사내 규정에 준한 자격을 확보한 검사원 인원 수	Σ검사원
2	검사 자동화율(%)	전체 검사 공정 중 자동화된 검사 공정의 비율	(Σ자동 검사 공정 수/Σ검사 공정 수)*100
3	검사원당 검사 공정 수(개)	검사원 한 사람이 담당하고 있는 공정 수	(총검사 공중 수/총검사원 수)
4	평균 검사 소요 시간(Hr)	검사 의뢰서 접수부터 검사 완료 후 보고서 작성 시까지 소요된 시간	(총소요 시간/검사 의뢰 건수)
5	검사 오류율(%)	수입 외주 공정 검사를 실시하여 합격된 후 공정에서 부적합으로 나타나는 검사 오류 발생 비율	(검사 오류 건수/검사 건수)*100
6	부적합품률(%)	검사 건수 중 부적합 판정된 건수	(부적합 건수/검사 건수)*100
7	자재 로트 불합격률(%)	입고 롯트 수 대비 불합격 롯트 수 비율	(자재 불합격 롯트 수/자재 입고 롯트 수)*100
8	무검사율(%)	검수 품목 수 대비 무검사 품목 수 비율	(무검사 품목 수/검사 대상 품목 수)*100
9	검사 부하율(%)	보유 공사 대비 검사 소요 공수 비올	(검사 소요 공수/보유 공사)*100
10	검사 능률(%)	검사 소요 공수에 대한 실제 검사 수행 공수 비율	(실제 검사 공수/검사 소요 기준 공수)*100
11	전담 검사원 비율(%)	전체 검사원 대비 규정에서 정한 전담 검사원 비율	(전담 검사원 수/검사원 수)*100
12	자주 검사 실시율(%)	검사 항목 수 대비 자주 검사 항목 수 비율	(자주 검사 항목 수/검사 항목 수)*100
13	자주 검사 오류율(%)	자주 검사 실시 후 품질 검사원 확인 검사 시 부적합 발생 비율	(자주 검사 오류 부적합 건수/자주 검사 건수)*100
14	고객 입회 검사 불합격률(%)	고객 입회 검사 건수 대비 불합격 판정 건수	(불합격 건수/고객 입회 검사 건수)*100
15	비파괴 검사 불합격률(%)	비파괴 검사 실시 건수 대비 불합격 건수	(불합격 건수/비파괴 검사 건수)*100
16	고객 입회 검사 수 비율(%)	제품별 검사 공정 수 대비 고객 입회 검사 점수 비율	(고객 입회 검사 공정 수/검사 공정 수)*100

17	제품 폐기율(%)	생산 투입 중량 대비 폐기 중량 비율	(폐기 중량/생산 투입 중량)*100
18	검사 장비 확보율(%)	소요 검사 장비 및 게이지 대비 확보 비율	(확보량/소요량)*100
19	검사요 JIGFIXTURE 확보율(%)	소요 검사용 JIGFIXTURE 대비 확보 비율	(확보량/소요량)*100
20	검사 장비 교정 실시율(%)	교정 대상 검사 장비 및 게이지의 유효 기간 완료 전 교정 실시 비율	(유효 기간 만료 전 교정 실시수/교정 대상 검사 장비수)*100

OKR.best 소개서

협업으로 완성하는 새로운 목표관리
OKR.best

OKR도입이유

OKR을 도입하는 이유가
무엇인가요?

목표를 달성하기 위함입니다.

협업으로 완성하는 새로운 목표관리
OKR.best

OKR : 목표달성을 위한 제도

OKR은 목표 달성을
잘 하려고 도입하는
제도입니다.

그런데, OKR은 왜 실행이
어려울까요?
OKR.best가 해법을 제시합니다.

피터드러커가
목표에 의한 관리의 근본 원리를
OKR 도 성공할

협업으로 완성하는 새로운 목표관리
OKR.best

AI와 함께 목표 수립

1 첫번째 문제는 목표수립 자체가 어렵다는 것입니다.

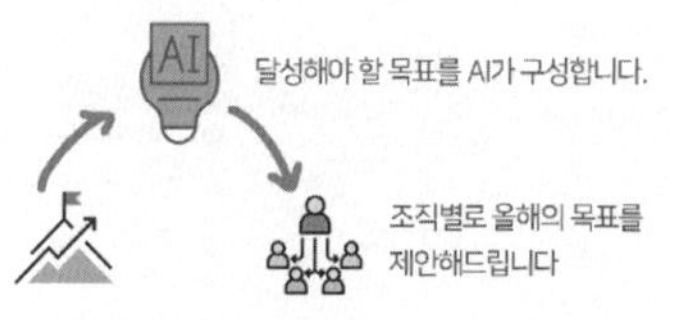

우리 회사의 비전, 미션, 지침
금년도 달성지표 등을 넣어주세요.

현실화되는 목표

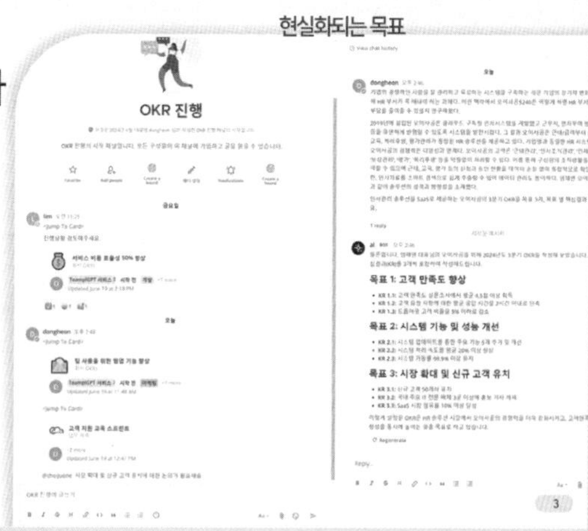

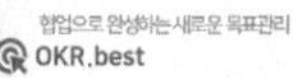

협업으로 완성하는 새로운 목표관리
OKR.best

OKR과 업무의 조화

2 두번째 문제는 목표와 업무가 따로 국밥이라는 것입니다.

목표와 업무의 조화

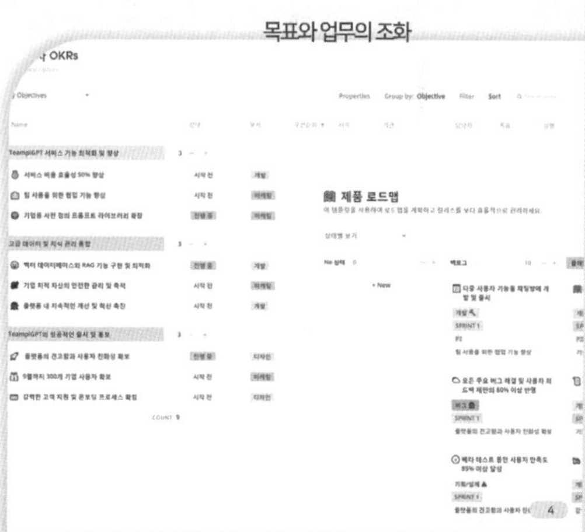

조직의 목표와
개인의 업무를
연결시켜 줍니다.

개인이 수행하는 업무가
어떤 목표를 달성하게
되는지 알게 합니다.

팀의 워크플로에서 프로젝트를 수행하게 하고
자연스럽게 OKR과 연결됩니다.

협업으로 완성하는 새로운 목표관리
OKR.best

다양한 관점으로 진행상황 정렬

3 세번째 생각할 사항은 정렬입니다.

전체 목록, 우선 순위
진행 상황, 부서
보고 싶은 관점으로
다양한 관점으로
정렬해줍니다.

목표에서 얼마나 벗어났는지,
이렇게 계속하면
최종 평가는 어떻게 받을 것인지
예측해줍니다.

목표와 진행상황 정렬

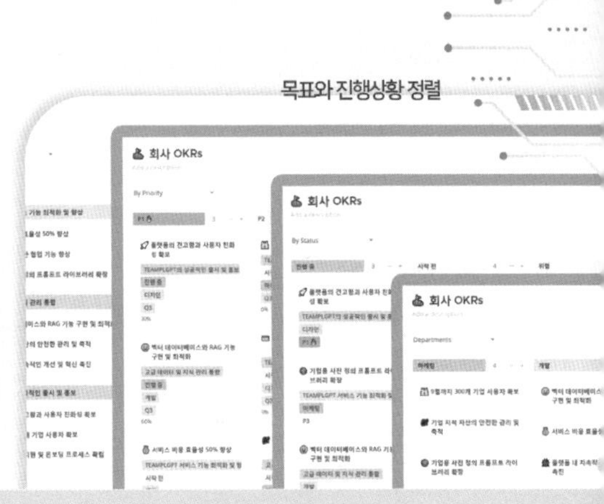

협업으로 완성하는 새로운 목표관리
OKR.best

OKR을 위한 집중

Q OKR성공을 위해 집중해야 할 사항은 무엇인가요?

함께 이루는 협업입니다. A

協業
Collaboration

목표를 현실로 만드는 OKR

협업으로 완성하는 새로운 목표관리

OKR.best

OKR의 성공을 위한 전략적 접근은 협업을 위한 CFR 활성화입니다.

Conversation
대화

Feedback
피드백

Recognition
인정

7

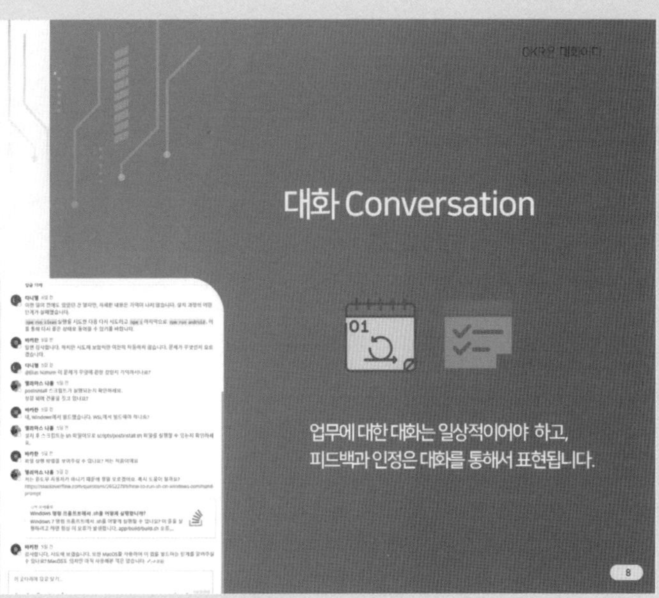

대화 Conversation

업무에 대한 대화는 일상적이어야 하고,
피드백과 인정은 대화를 통해서 표현됩니다.

8

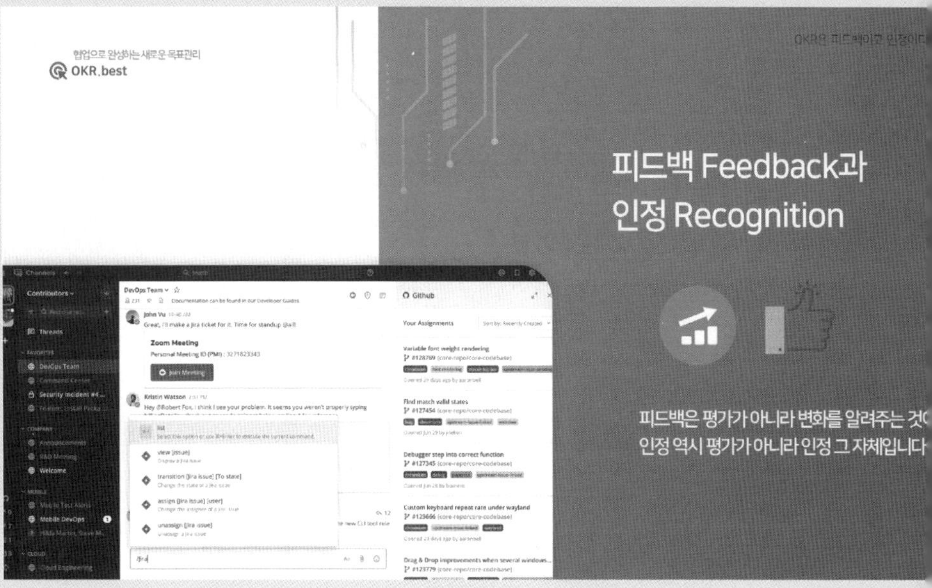

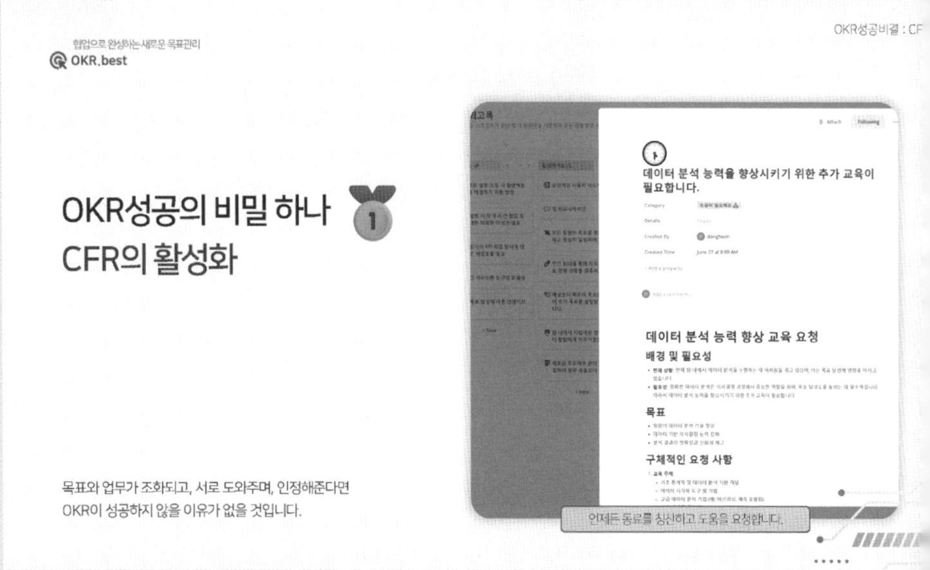

협업으로 완성하는 새로운 목표관리
OKR.best

OKR은 피드백이고 인정이다

피드백 Feedback과 인정 Recognition

피드백은 평가가 아니라 변화를 알려주는 것이
인정 역시 평가가 아니라 인정 그 자체입니다

OKR성공의 비밀 하나 CFR의 활성화

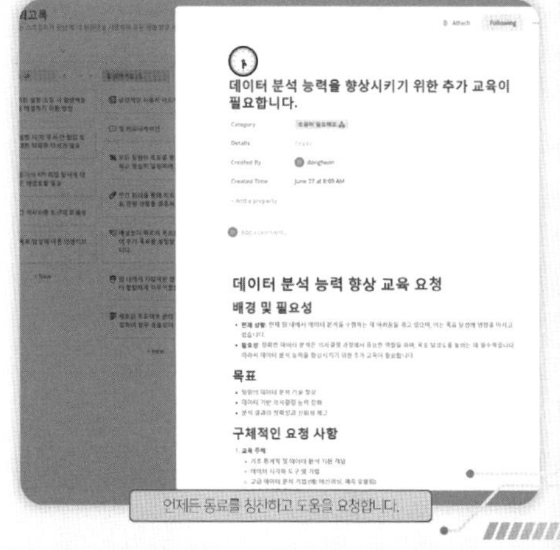

목표와 업무가 조화되고, 서로 도와주며, 인정해준다면
OKR이 성공하지 않을 이유가 없을 것입니다.

OKR 성공의 비밀 둘
직원 참여와 동기부여

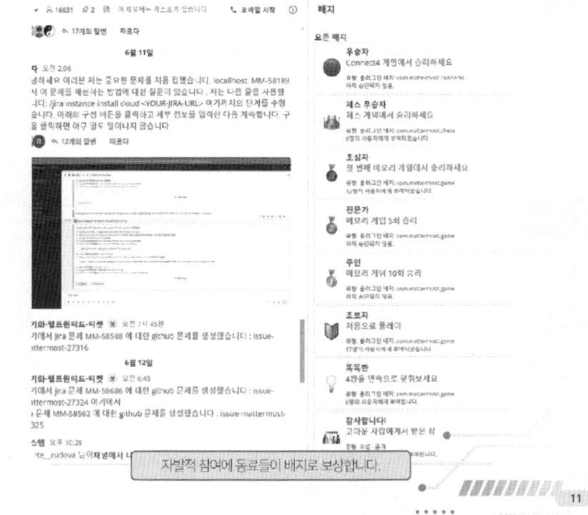

지루한 시스템은 사용하기 싫어집니다.
언제 어디서나 로그인 하고 싶어지는 시스템이어야 합니다.

11

OKR을 도입하는 이유가
KPI, MBO를 대체하기 위함인가요?

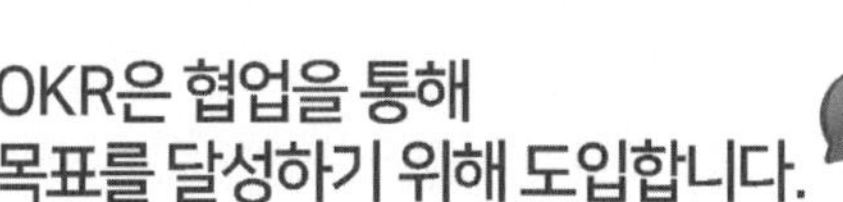

OKR은 협업을 통해
목표를 달성하기 위해 도입합니다.

12

기존 평가제도만 변경하는 것이라면

OKR은 단순한 평가지표 변경이 아닙니다.

MBO	KPI	BSC	CSF	KVD
Management by Objectives 목표에 의한 관리	Key Performance Indicators 핵심성과지표	Balanced Score Card 전략적 성과평가 도구	Critical Success Factor 핵심성공요인	key value driver 성과창출요인

- KPI는 너무 세세하다.
- 1년에 한번만 한다.
- 너무 계량적이다.

- 그럼 진취적으로 목표를 세우면 해결된다?
- 3개월단위로 하면 된다?
- 70% 정도만 달성하면 된다?

이런 기계적 접근으로는 성공할 수 없습니다.

협업으로 완성하는 새로운 목표관리
OKR.best

OKR 과정에 모든 것을 담는다.

여기서 잠깐,

OKR.best에서는
3개월 단위가 아니라 수시로
대화하게 합니다.

대화를 통해 피드백과 인정이라는
평가 아닌 평가를 하게 하는 것이죠.

OKR 성과 평가

OKR.best는 평가가 없는 것인가요?
평가는 대화과정에서 이미 하셨습니다.

협업으로 완성하는 새로운 목표관리
OKR.best

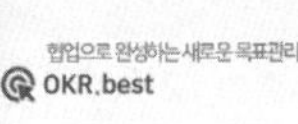

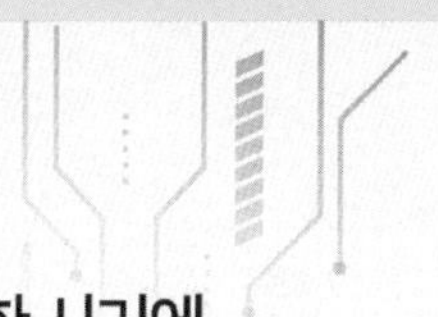

언제 어디서나 평가

임직원의 평가를 특정한 시기에 단편적으로 한다면?

OKR.best는 별도의 평가행위를 하지 않아도
OKR을 운영하는 과정에서 평가가 되도록 합니다.

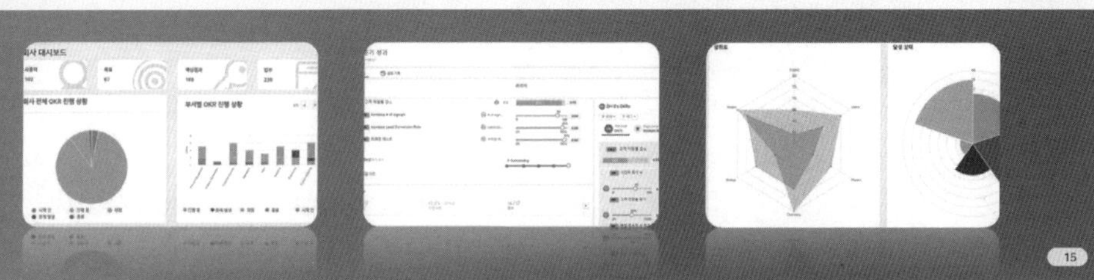

15

협업으로 완성하는 새로운 목표관리
OKR.best

360도로 바라보는 관점

임직원의 성과는 단순히 하나의 관점으로만 본다면?

성과는 한가지 관점으로만 부족합니다.
OKR.best에서 360도로 보십시오.

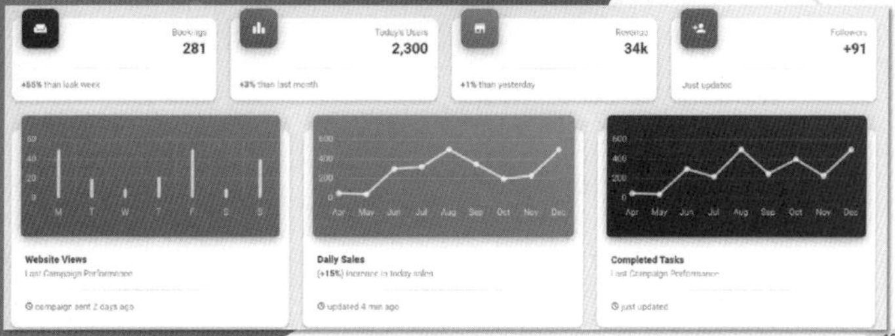

Bookings
281
+55% than last week
Today's Users
2,300
+3% than last month
Revenue
34k
+1% than yesterday
Followers
+91
Just updated
Website Views
Last Campaign Performance
campaign sent 2 days ago
Daily Sales
(+15%) increase in today sales
updated 4 min ago
Completed Tasks
Last Campaign Performance
just updated

16

목표가 어떻게 진행되고 있는지를 알기 힘들다면?

OKR.best 대시보드로 정확한 직관을 제공하여 빠른 의사결정을 지원합니다.

OKR화면들

협업으로 완성하는 새로운 목표관리
OKR.best

이렇게 하면 될 것 같다는 그것! 이제 실행할 때입니다.

OKR.best에서 확인하십시오.

화면들을 살짝 보십시오.

협업으로 완성하는 새로운 목표관리
OKR.best

OKR의 핵심은 목표수립과 정렬 그리고 CFR이며, 이를 위한 협업이 필수입니다.

OKR.best는 목표를 달성하기 위한
협업을 지원합니다.

야심찬
목표를 세운다

목표를 여러 관점으로
정렬한다

대화/피드백/인정으로
참여를 이끈다.

18

협업으로 완성하는 새로운 목표관리
OKR.best

협업과 AI로 완성하는 새로운 목표관리 OKR.best
사용과 미사용을 떠나 이제 죽느냐 사느냐의 문제입니다.

고맙습니다!

colaple@5240.kr
010-5940-5240